FORCE ET FRAGILITÉ

NASSIM NICHOLAS TALEB

FORCE

ET

FRAGILITÉ

RÉFLEXIONS PHILOSOPHIQUES

ET EMPIRIQUES

*Traduit de l'anglais
par Christine Rimoldy
avec la collaboration de l'auteur*

PARIS

LES BELLES LETTRES

2010

Pour consulter notre catalogue
et découvrir nos nouveautés
www.lesbelleslettres.com

ISBN : 978-2-251-44394-2

INTRODUCTION

CHAPITRE 1

Apprendre de Mère Nature, la source de savoir la plus ancienne et la plus sage

Comment se faire des amis parmi les marcheurs – Du fait de devenir grand-mère – Les charmes de l'éco-Extrêmistan – Jamais assez petit

J'écris cet essai trois ans après avoir achevé *Le Cygne Noir* – auquel je n'ai apporté aucune modification hormis quelques notes de bas de pages destinées à clarifier mon propos. Depuis, j'ai rédigé une dizaine d'articles « spécialisés » concernant certains aspects de l'idée de Cygne Noir. Leur lecture est très, très ennuyeuse, car presque tous les articles académiques sont faits pour ennuyer, impressionner, crédibiliser, voire intimider, être présentés lors de réunions, mais pas pour être lus, sauf par des dupes (ou des détracteurs), ou – ce qui est pire – par des étudiants de troisième cycle. En outre, j'insiste ici davantage sur le côté « ce qu'il faut faire après » – on peut mener un cheval jusqu'à un point d'eau et être obligé en plus de le faire boire. Ainsi, cet essai me permettra d'approfondir certains points. Comme pour le texte principal, le début sera ce que l'on appelle littéraire et prendra progressivement une tournure plus technique.

Je suis redevable de l'idée de cet essai de la longueur d'un livre à Danny Kahneman, auquel je dois plus qu'à n'importe qui d'autre sur cette planète (et mes idées aussi). Il m'a convaincu que j'avais certaines obligations à essayer de faire boire le cheval.

DES PROMENADES LENTES MAIS LONGUES

Au cours des trois dernières années, ma vie a quelque peu changé, surtout pour le meilleur. À l'instar d'une réception, un livre vous inscrit sur l'enveloppe de la sérendipité ; il vous fait même inviter à d'autres réceptions. Pendant ma période noire, on m'appelait *trader* à Paris (chose extrêmement *vulgaire*[1]), philosophe à Londres (c'est-à-dire trop théorique), prophète à New York (pour se moquer de moi, car ma prophétie était alors erronée) et économiste à Jérusalem (chose très matérialiste). Cette fois, je me voyais confronté au stress de devoir me montrer à la hauteur des qualificatifs totalement immérités de prophète en Israël (un projet très, très ambitieux), de philosophe en France, d'économiste à Londres, et de *trader* à New York (où ce n'est pas un gros mot).

Une telle exposition me valut des lettres de haine, au moins une menace de mort (par d'anciens employés de

---

1. N.d.T. : En français dans le texte original.

la société en faillite Lehman Brothers[2]), ce que je trouvai extrêmement flatteur, et, pire que n'importe quelle menace de violence à mon encontre, des demandes d'interviews émanant toutes les heures de journalistes turcs et brésiliens. Je dus passer beaucoup de temps à rédiger des notes personnalisées et courtoises déclinant des invitations à dîner avec de grosses légumes en costume qui étaient la coqueluche du moment, de grosses légumes en costume qui l'avaient été à l'époque de Mathusalem, et de grosses légumes en costume qui le seraient dans l'avenir, ainsi qu'avec l'engeance détestable des hommes en costume qui n'arrêtent pas de citer des noms de personnalités en vue. Toutefois, cette situation m'apporta aussi certains avantages. Je fus contacté par des gens qui avaient les mêmes idées que moi – des gens que dans le passé je n'aurais jamais rêvé de rencontrer, ou dont j'ignorais l'existence, exerçant dans des disciplines complètement étrangères à celles auxquelles appartiennent mes relations habituelles, et qui m'aidèrent à approfondir ma quête grâce à des idées complètement inattendues. Je fus souvent contacté par des personnes que j'admirais et dont je connaissais bien le travail, et qui devinrent tout naturellement des collaborateurs et des critiques ; je me souviendrai toujours de mon excitation lorsque je reçus un e-mail inattendu de Spyros Makridakis, auteur des études comparatives *M-Competition Studies* dont je parle dans le chapitre 10 du *Cygne Noir*, et grand démystificateur de prévisions erronées[3],

2. Lehman Brothers était une institution financière dotée de superbes bureaux, qui fit brusquement faillite pendant la crise de 2008.

3. N.d.T. : Pour mémoire, cette série d'études comparatives avait pour objet de « faire faire des prévisions à des gens dans la vraie vie, puis d'estimer leur justesse.» Elle a conduit Makridakis et son collaborateur Hibon à conclure que « des méthodes complexes ou sophistiquées sur le plan statistique ne produisent pas nécessairement de meilleures

ou un autre de Jon Elster, universitaire d'une érudition et d'une perspicacité rares, qui a intégré la sagesse des Anciens dans les sciences sociales modernes. Je rencontrai des romanciers et des penseurs philosophiques dont j'avais lu et admiré les œuvres, tels que Louis de Bernières, Will Self, John Gray (le philosophe, pas le psychologue de bazar), ou Lord Martin Rees ; j'éprouvai dans les quatre cas le besoin singulier de me pincer en les entendant parler de mon propre livre.

Puis, grâce à une chaîne d'amis d'amis, de cappucinos, de vins doux et de files de sécurité dans les aéroports, je me mis à prendre part à la transmission orale et à en comprendre la force, car les discussions ont un impact beaucoup plus puissant que la simple correspondance. En chair et en os, les gens disent des choses qu'ils ne feraient jamais imprimer. Je rencontrai Nouriel Roubini (à ma connaissance le seul économiste professionnel à avoir réellement prévu la crise de 2008, et peut-être le seul penseur indépendant dans cette discipline). Je découvris également qu'il y avait toute une pléiade de gens dont je ne soupçonnais pas l'existence, de *bons* économistes (c'est-à-dire travaillant en fonction de critères scientifiques), tels que Michael Spence et Barkley Rosser. En outre, Peter Bevelin et Yechezkel Zilber ne cessèrent de m'alimenter en articles que je cherchais sans même le savoir – le premier dans le domaine de la biologie, le second dans celui des sciences cognitives –, aiguillant ainsi ma pensée dans la bonne direction.

---

prévisions que des méthodes plus simples » et que « les statisticiens préfèrent concentrer leurs efforts sur la création de modèles plus sophistiqués sans tenir compte de la capacité réelle de ces modèles à prédire les données réelles avec plus d'exactitude ». (Voir *Le Cygne Noir*, p. 210-211.)

J'ai donc dialogué avec quantité de gens. L'ennui est que je n'ai trouvé que deux personnes capables de converser en marchant longuement (et lentement) : Spyros Makridakis et Yechezkel Zilber. La plupart des gens marchent hélas trop vite, confondant marche avec exercice, sans comprendre que la marche est une chose qui doit se faire lentement, à un rythme tel qu'on oublie que l'on est en train de marcher – il me faut donc continuer à me rendre à Athènes (où vit Spyros) afin de m'adonner à mon activité préférée : flâner.

Ce que j'ai appris de mes erreurs récentes

Et, bien entendu, mon texte du *Cygne Noir* fut passé au crible. Après examen des messages et des comptes-rendus, je n'ai pas l'impression de devoir retrancher quoi que ce soit de la version initiale ou corriger une quelconque erreur (en dehors de fautes typographiques et autres faits mineurs), excepté dans deux cas connexes. Le premier me fut signalé par Jon Elster. J'avais écrit que l'erreur de narration est omniprésente dans les analyses historiques, parce que je croyais que la vérification d'une assertion historique par la prévision et par la falsification n'existait pas. J. Elster m'expliqua que dans certaines situations, la théorie historique pouvait échapper à l'erreur de narration et faire l'objet d'un rejet empirique – des domaines dans lesquels nous découvrons des documents ou des sites archéologiques qui recèlent des informations à même de contrer une certaine narration.

Ainsi, en relation avec ce point-là, je m'aperçus que l'histoire de la pensée arabe n'était pas aussi définitive que cela, que j'étais tombé dans le piège consistant à ne pas tenir compte des changements constants dans l'histoire *passée*, et que le passé était lui aussi, dans une large mesure, une

prévision. Je découvris (fortuitement) que je m'étais fait
avoir par la sagesse académique classique en matière de
philosophie arabe – sagesse contredite par des documents
existants. J'avais exagéré l'importance du débat entre
Averroès et Algazel[4]. Je pensais comme tout le monde 1)
que ce débat était capital et 2) qu'il détruisait la *falasifah*
arabe. Cela se révéla être une des idées fausses récemment
démystifiées par les chercheurs (comme Dimitri Gutas et
George Saliba). Comme la plupart de ceux qui théorisaient
sur la philosophie arabe ne connaissaient pas l'arabe,
ils s'en remettaient en grande partie à leur imagination
(comme Leo Strauss). J'ai tout de même un peu honte,
parce que l'arabe est une de mes langues maternelles, et
en l'occurrence mon propos se fondait sur des sources de
énième main élaborées par des universitaires analphabètes
en arabe (et possédant trop de confiance en eux-mêmes
mais pas suffisamment d'érudition pour s'en apercevoir).
Je m'étais laissé avoir par le *biais de confirmation* décrit par
D. Gutas : « On semble toujours partir d'une idée préconçue de ce que la philosophie arabe devrait dire, puis se
concentrer exclusivement sur les passages qui paraissent
étayer ce préjugé, corroborant ainsi ce dernier sur la base
même des textes. »

Une fois encore, méfiez-vous de l'histoire.

---

4. N.d.T. : Pour mémoire, ce débat opposa au XIIe siècle le théo-
logien et juriste perse musulman Al Ghazali (Algazel en latin), qui
prônait le scepticisme vis-à-vis de la méthode scientifique, à Ibn Ruchd
(Averroès en latin), philosophe et médecin musulman andalou adepte
du rationalisme scientifique fondé sur celui d'Aristote. Algazel écrivit
une diatribe contre l'*establishment* intellectuel arabe. L'Occident épousa
le rationalisme d'Averroès, tandis que de nombreux penseurs déplo-
rèrent que les Arabes aient abandonné la méthode scientifique sous
l'influence d'Algazel. (*Op. cit.*, chap. 4, p. 80-81.)

FORCE ET FRAGILITÉ

Après avoir terminé *Le Cygne Noir*, je passai un certain temps à méditer sur les éléments que j'avais soulevés dans le chapitre 14 du livre concernant la fragilité de certains systèmes caractérisés par une forte concentration et des illusions de stabilité – lesquels m'avaient convaincu que le système bancaire était la source de tous les accidents qui nous pendaient au nez. Au chapitre 6 du *Cygne Noir*, j'ai expliqué avec l'histoire des vieux éléphants que les meilleurs maîtres en matière de sagesse sont naturellement les Anciens, tout simplement parce qu'ils peuvent avoir saisi des trucs et des méthodes heuristiques invisibles qui échappent à notre paysage épistémique – des trucs qui les ont aidés à survivre dans un monde plus complexe que celui que nous pensons pouvoir comprendre. Ainsi le grand âge implique-t-il plus de force face aux Cygnes Noirs, même si, comme nous l'avons vu avec l'histoire de la dinde[5], il n'en est pas une garantie infaillible – si « plus âgé » signifie presque toujours « plus fort », cela ne signifie pas nécessairement « parfait ». Quelques milliards d'années de survie constituent néanmoins une preuve beaucoup plus convaincante que mille jours, et le système le plus

---

5. N.d.T. : N. N. Taleb prend l'exemple d'une dinde qui, en prévision de *Thanksgiving*, va être nourrie quotidiennement pendant mille jours ; « Chaque apport de nourriture, nous dit l'auteur, va la renforcer dans sa croyance que la règle générale de la vie est d'être nourrie quotidiennement par de sympathiques membres de la race humaine "soucieux de ses intérêts", comme le disent les hommes politiques. Le mercredi après-midi précédant Noël, quelque chose d'*inattendu* va arriver à la dinde, qui va l'amener à réviser ses croyances. » Autrement dit : « L'histoire d'un processus sur mille jours ne nous apprend rien sur ce qui va arriver après. » (*Op. cit.*, chap. 4, p. 71-72.)

ancien que nous connaissions est incontestablement Mère Nature.

Tel était, d'une certaine manière, le raisonnement qui sous-tendait l'argument de l'épilogisme des médecins empiriques du Levant post-classique (comme Ménodote de Nicomède), les seuls praticiens à fusionner scepticisme et prise de décision dans le monde réel, et aussi le seul groupe de personnes à employer la philosophie à des fins utiles. Ils proposaient l'*historia* : un maximum de consignation de faits, et un minimum d'interprétation et de théorisation, décrivant les faits sans le « pourquoi ? » et résistant aux universaux. Leur forme de connaissance non théorique fut déclassée par la scolastique médiévale, qui privilégiait un apprentissage plus explicite. L'*historia* – la seule consignation des faits – était inférieure à la *philosophia* ou à la *scientia*.

Jusqu'à cette époque, même la philosophie avait plus à voir qu'aujourd'hui avec la sagesse en matière de prise de décision ; elle n'avait pas à voir avec la capacité d'impressionner une commission de titularisation, et c'est dans le domaine de la médecine que cette sagesse s'exerçait (et s'apprenait) : *Medicina soror philosophiae* – « La médecine, sœur de la philosophie[6]. »

6. Dans l'empirisme, il ne s'agit pas d'avoir des théories, des croyances, des causes et des effets ; il s'agit d'éviter d'être une dupe, d'avoir un *biais* déterminé et prédéfini concernant le lieu où l'on veut faire erreur – le lieu de son manque. Un empiriste confronté à une succession de faits ou de données choisira par défaut de suspendre sa croyance (d'où le lien entre l'empirisme et la vieille tradition pyrrhonienne du scepticisme), alors que d'autres opteront par défaut pour une caractérisation ou une théorie. Toute l'idée est d'éviter le *biais de confirmation* (les empiristes préfèrent pécher par excès de biais *d'infirmation/de falsification*, qu'ils découvrirent plus de quinze mille ans avant Karl Popper).

Conférer un statut subalterne à un domaine qui privilégie les particuliers par rapport aux universaux, voilà ce que fait la connaissance formalisée depuis la scolastique, dédaignant nécessairement l'expérience et l'âge (trop grande accumulation de particuliers), au profit de thésards comme Dr. John[7]. Si cela peut fonctionner en physique traditionnelle, ce n'est pas le cas dans le domaine complexe qu'est la médecine ; cela a provoqué la mort de quantité de patients dans l'histoire de cette discipline, surtout avant l'apparition de la médecine clinique, et fait aujourd'hui beaucoup de dégâts dans la sphère sociale, surtout au moment où j'écris ces lignes.

Les choses essentielles que nous communiquent les vieux professeurs sont, pour employer des termes religieux, des dogmes (règles que l'on doit appliquer sans nécessairement les comprendre), non des kerygmes (règles que l'on peut comprendre et dont le but nous apparaît clairement).

Mère Nature est incontestablement un système complexe doté de réseaux d'interdépendance, de non-linéarités et d'une écologie forte (sans quoi elle aurait périclité depuis longtemps). C'est une très, très vieille personne douée d'une mémoire infaillible. Mère Nature ne contracte pas la maladie d'Alzheimer – en fait, il est prouvé que les êtres humains eux-mêmes perdraient moins facilement leurs fonctions neuronales en vieillissant s'ils suivaient un régime à base d'exercices et de jeûne stochastiques, faisaient de longues promenades, évitaient le sucre, le pain, le riz blanc et les investissements en Bourse, et s'abstenaient

---

7. N.d.T. : Nous avons fait connaissance avec ce personnage à la page 173 du *Cygne Noir* ; pour mémoire, N. N. Taleb le présentait comme « la parfaite antithèse du gars de Brooklyn », c'est-à-dire de l'individu qui, parti de rien, parvient au sommet grâce à sa débrouillardise et à sa connaissance du terrain.

de prendre des cours d'économie ou de lire des choses comme *The New York Times*.

Permettez-moi de résumer mes idées concernant la façon dont Mère Nature fait face au Cygne Noir, qu'il soit positif ou négatif – elle sait bien mieux que les êtres humains tirer parti des Cygnes Noirs positifs.

La redondance, une assurance

Tout d'abord, *Mère Nature aime les redondances* – trois sortes de redondances. La première, et la plus simple à comprendre, est la redondance défensive, la redondance de type « assurance » qui permet de survivre dans l'adversité parce qu'on dispose de pièces de rechange. Regardez le corps humain. Nous avons deux yeux, deux poumons, deux reins, et même deux cerveaux (à l'exception, peut-être, des cadres des grandes entreprises) – et chacun de ces organes possède plus de capacités qu'il n'en faut dans des circonstances ordinaires. Ainsi « redondance » équivaut-il à « assurance », et les contre-performances apparentes sont liées au coût de maintenance de ces pièces de rechange et à l'énergie requise pour les entretenir même si elles ne servent pas.

L'exact opposé de la redondance est l'optimisation naïve. J'enjoins à tout le monde d'éviter d'assister à des cours d'économie (traditionnels), et je dis que l'économie nous décevra cruellement et nous mènera à la catastrophe (et, comme nous le verrons, nous avons des preuves qu'elle nous a cruellement déçus ; mais, comme je ne cesse de le dire dans *Le Cygne Noir*, nous n'avions pas besoin de ces preuves ; il nous suffisait simplement de regarder le manque de rigueur – et d'éthique). La raison en est la suivante : elle se fonde en grande partie sur des notions d'optimisation naïve, (mal) mathématisées par Paul Samuelson

– et cette mathématique a contribué dans une très large mesure à la construction d'une société encline à l'erreur. Un économiste jugerait peu rentable de conserver deux poumons et deux reins : songez aux coûts nécessaires pour faire traverser la savane à des organes d'un tel poids. Au final, cette optimisation nous tuerait au premier accident, à la première « aberration ». En outre, songez que si l'on confiait Mère Nature aux économistes, elle supprimerait les reins individuels : comme ces organes ne nous sont pas utiles tout le temps, il serait plus « rentable » de vendre les nôtres et de recourir à un rein central sur la base d'un temps partagé. On pourrait aussi prêter ses yeux la nuit, puisqu'on n'en a pas besoin pour rêver.

Les idées majeures de l'économie traditionnelle, ou presque toutes (mais moins d'idées mineures), ne résistent pas à la modification d'une hypothèse ou à ce qu'on appelle une « perturbation » – quand on change un seul paramètre, ou que l'on prend un paramètre considéré jusqu'alors comme fixe et stable par la théorie et que l'on en fait un paramètre aléatoire. Dans notre jargon, nous nommons cela « randomisation ». Cela s'appelle l'étude de l'erreur de modèle et l'analyse des conséquences de tels changements (ma spécialité universitaire officielle est désormais l'erreur de modèle ou « risque de modèle »). Par exemple, si un modèle utilisé pour le risque prend pour hypothèse que le type de hasard à l'étude est d'origine médiocristanaise[8], il

---

8. N.d.T. : Pour mémoire, l'auteur définit ainsi la notion de Médiocristan : « Province dominée par la médiocre, qui génère quelques réussites ou échec extrêmes. Aucun phénomène observé ne peut affecter l'ensemble de manière significative. La courbe en cloche est enracinée dans le Médiocristan. Il y a une différence quantitative entre loi de Gauss et loi scalable, assimilable à celle existant entre le gaz et l'eau. » (*Le Cygne Noir*, Glossaire, p. 392).

ne tiendra pas compte des écarts importants et encoura-gera une accumulation de risques considérables qui n'en tiendra pas compte non plus ; la gestion des risques sera par conséquent erronée – d'où la métaphore « être assis sur une poudrière » que j'ai employée à propos de Fannie Mae (qui a maintenant fait faillite)[9].

Pour prendre un autre exemple d'erreur de modèle flagrante, considérez la notion d'avantage comparatif, cen-sément découverte par Ricardo et qui est le moteur de la globalisation. L'idée est que les pays doivent se concentrer, comme dirait un consultant, sur « ce qu'ils font le mieux » (ou plus exactement sur les domaines dans lesquels ils manquent le moins d'occasions) ; ainsi, un pays devrait se spécialiser dans le vin et un autre dans les vêtements, alors que l'un d'eux pourrait être le meilleur dans ces deux secteurs. Toutefois, introduisez quelques perturbations et scénarios alternatifs : songez à ce qui arriverait au pays spécialisé dans le vin si le prix de celui-ci fluctuait. Un simple changement qui déstabiliserait cette hypothèse (si l'on considère, disons, que le prix du vin est aléatoire et susceptible de connaître des écarts de type extrêmista-

---

9. N.d.T. : La Federal National Mortgage Association (FNMA) est une société par actions créée par le gouvernement fédéral américain en 1938 dans le but d'augmenter la liquidité du marché des prêts hypothécaires ; son surnom Fannie Mae est une création phonétique à partir de son nom (FNMA), permettant de l'identifier plus facilement. En 2008, suite à la crise des *subprimes* aux États-Unis, la société subit des pertes de plusieurs milliards de dollars, au point d'être incapable d'assurer sa mission première : financer le secteur des prêts hypothé-caires aux États-Unis. En 2009, suite à des performances financières catastrophiques, le gouvernement américain organise le sauvetage financier de Fannie Mae.

nais[10]) nous conduit à une conclusion opposée à celle de Ricardo. Mère Nature n'aime pas la sur-spécialisation, car elle limite l'évolution et affaiblit les animaux.

Cela explique aussi pourquoi j'ai trouvé les idées actuelles sur la globalisation (comme celles promues par le journaliste Thomas Friedman) un peu trop naïves, et trop dangereuses pour la société – à moins de prendre en compte les effets secondaires. La globalisation donne peut-être une impression d'efficacité, mais l'effet de levier à l'œuvre et les degrés d'interaction entre les différentes parties entraîneront la propagation dans tout le système des petites fêlures qui affectent un seul petit coin. Le résultat sera comparable à un cerveau victime d'une crise d'épilepsie parce qu'un trop grand nombre de cellules carburent en même temps. Songez que notre cerveau, système complexe qui fonctionne bien, n'est pas « globalisé » ou, du moins, pas naïvement « globalisé ».

La même idée s'applique aux dettes – elles fragilisent considérablement en cas de perturbations, surtout quand on passe de l'hypothèse du Médiocristan à celle de l'Extrêmistan. Actuellement, on apprend dans les écoles de commerce à se lancer dans les emprunts (sous la houlette des mêmes professeurs qui enseignent la courbe de Gauss, cette Grande Escroquerie Intellectuelle, entre autres pseudo-sciences), envers et contre toutes les traditions historiques, alors que toutes les cultures méditerranéennes ont élaboré au fil du temps un dogme hostile aux dettes. *Felix qui nihil debet*, dit le proverbe romain : « Heureux celui qui ne doit rien. » Les grands-mères qui survécurent

---

10. N.d.T. : Pour mémoire, l'auteur définit ainsi la notion d'Extrêmistan : « Province dans lequel un seul phénomène observé peut avoir un grand impact sur l'ensemble. » (*Op. cit.*, Glossaire, p. 391).

à la Grande Dépression nous conseilleraient exactement
le contraire : la redondance ; elles nous exhorteraient à
posséder plusieurs années de revenus en liquide avant de
courir un risque personnel quel qu'il soit – c'est exactement l'idée de la stratégie des haltères que j'ai développée
au chapitre 11 du *Cygne Noir*, selon laquelle on conserve
d'importantes réserves en liquide tout en prenant de plus
grands risques, mais avec une petite partie de son portefeuille[11]. Si les banques avaient fait cela, il n'y aurait pas
eu de crise bancaire dans l'histoire.

Nous avons des documents remontant aux Babyloniens,
qui montrent les méfaits des dettes ; les religions proche-
orientales les interdisaient. Cela me dit qu'un des objectifs
de la religion et de la tradition a été de faire appliquer les
interdits – simplement pour protéger les gens de leur propre
arrogance épistémique. Pourquoi ? Les dettes impliquent
une déclaration forte sur l'avenir, ainsi qu'un degré élevé
de confiance dans les prévisions. Si vous empruntez cent
dollars et investissez dans un projet, vous devez toujours
cent dollars même si votre projet échoue (mais si vous
réussissez, vous avez beaucoup plus). Les dettes sont donc
dangereuses si l'on a trop confiance en l'avenir et que l'on
est aveugle aux Cygnes Noirs – ce qui est généralement
notre cas à tous. Et les prévisions sont préjudiciables, car
les gens (surtout les gouvernements) réagissent à une prévision en *empruntant* (ou se servent de la prévision comme
d'une excuse cognitive pour emprunter). Le Scandale des
Prévisions (c'est-à-dire de fausses prévisions qui semblent

---

11. N.d.T. : N. N. Taleb définit ainsi cette stratégie : « Méthode
consistant à adopter une attitude défensive et extrêmement offensive
à la fois, en protégeant ses atouts de toutes les sources d'incertitude
possibles tout en allouant une petite partie d'entre eux aux stratégies
à hauts risques. » (*Op. cit.*, Glossaire, p. 393.)

destinées à satisfaire des besoins psychologiques), notion que j'ai développée dans le chapitre 10 du *Cygne Noir*, est aggravé par le Scandale de la Dette : emprunter rend plus vulnérable aux erreurs prévisionnelles.

Ce qui est grand est laid – et fragile

Deuxièmement, *Mère Nature n'aime pas ce qui est trop grand*. Le plus grand animal terrestre est l'éléphant, et il y a une raison à cela. Si je m'emportais et tuais un éléphant, je pourrais être mis en prison et me faire houspiller par ma mère, mais je perturberais à peine l'écologie de Mère Nature. D'un autre côté, ce que je dis des banques au chapitre 14 du *Cygne Noir* – si vous tuiez une grosse banque, je « frémirais en pensant aux conséquences » et « la chute d'une banque entraîne celle de toutes les autres[12] » –, ce que je dis, donc, a été illustré par les événements ultérieurs : une seule faillite bancaire, celle de Lehman Brothers, en septembre 2008, a provoqué l'effondrement de tout l'édifice. Mère Nature ne limite pas les interactions entre entités ; elle limite seulement la taille de ses unités (en conséquence, mon idée n'est pas de stopper la globalisation et d'interdire Internet ; comme nous le verrons, on parviendrait à une stabilité bien plus grande en supprimant l'aide des gouvernements aux sociétés quand elles prennent de l'ampleur et en reversant les bénéfices aux petites entreprises).

Mais il y a une autre raison d'empêcher les structures naturelles de trop grandir. La notion d'« économie d'échelle » – selon laquelle les sociétés économisent quand elles prennent de l'ampleur, et deviennent donc plus rentables – est

---

12. N.d.T. : Voir p. 294, *op. cit.*

souvent, semble-t-il, ce qui motive les agrandissements et les fusions d'entreprises. Elle prévaut dans la conscience collective sans qu'on en ait de preuves ; en fait, les preuves indiqueraient le contraire. Néanmoins, pour des raisons évidentes, on continue de procéder à ces fusions – elles ne sont pas bonnes pour les entreprises, elles le sont pour les primes à Wall Street ; une entreprise qui s'agrandit, c'est bon pour le PDG. En fait, je m'aperçois qu'en s'agrandissant les entreprises apparaissent plus « rentables », mais elles sont aussi beaucoup plus vulnérables aux contingences extérieures, ces contingences communément appelées « Cygnes Noirs », d'après un livre éponyme. Tout cela dans l'illusion d'une plus grande stabilité. Ajoutez à cela le fait que, lorsque les entreprises sont grandes, elles sont obligées d'optimiser leur activité pour satisfaire les analystes de Wall Street. Ces derniers (de type « MBA ») feront pression sur elles pour qu'elles se débarrassent de tous leurs filets de sécurité afin d'« augmenter leurs bénéfices par action » et d'« améliorer leurs résultats financiers » – contribuant ainsi finalement à les mener à la faillite.

Charles Tapiero et moi-même avons apporté la démonstration mathématique qu'une certaine catégorie d'erreurs imprévues et de chocs aléatoires frappaient beaucoup plus les grands organismes que les petits. Dans un autre article, nous avons calculé ce que des entreprises de cette taille coûtaient à la société ; car n'oubliez pas que les entreprises qui s'effondrent nous coûtent.

L'ennui, avec les gouvernements, c'est qu'ils soutiennent généralement ces organismes fragiles « parce que ce sont d'importants employeurs » et parce qu'ils ont des groupes d'influence – le genre de contributions, bidons mais faisant l'objet d'une publicité ostensible, tant décriées par Bastiat. Les grandes entreprises bénéficient du soutien gouvernemental et s'agrandissent et se fragilisent progressivement, et, d'une certaine manière, dirigent le gouvernement – autre vision prophétique de Karl Marx et de Friedrich Engels. De l'autre côté, les coiffeurs et les petites entreprises font faillite sans que nul ne s'en soucie ; ils doivent être performants et obéir aux lois de la nature.

Réchauffement climatique et pollueurs « trop grands »

On me demande souvent comment faire face au réchauffement climatique par rapport à l'idée de Cygne Noir et à mon travail concernant la prise de décision dans un contexte d'opacité. La position que je propose d'adopter doit se fonder à la fois sur l'ignorance et sur une déférence à l'égard de Mère Nature, puisqu'elle est plus vieille et donc plus sage que nous, et qu'elle a démontré qu'elle était beaucoup plus intelligente que les scientifiques. Nous ne comprenons pas suffisamment Mère Nature pour plaisanter avec elle – et je ne fais pas confiance aux modèles utilisés pour prévoir le réchauffement climatique. Simplement, nous sommes actuellement confrontés à des non-linéarités et à des amplifications d'erreurs dues au fameux effet papillon que nous avons vu au chapitre 11 du *Cygne Noir*[13], découvert, en fait, par Lorenz à l'aide de modèles de prévisions climatiques. Des changements mineurs, dus à une erreur de mesure dans les paramètres d'entrée, sont susceptibles d'entraîner des prévisions radicalement différentes – si l'on a la générosité de supposer que l'on dispose des bonnes équations.

---

13. N.d.T : « Effet papillon » dont le principe est le suivant : « Un papillon battant des ailes en Inde pourrait déclencher une tornade à New York deux ans plus tard. »

Alors que nous polluons depuis des années, causant de lourds préjudices à l'environnement, les scientifiques qui élaborent aujourd'hui ces modèles prévisionnels complexes ne se sont jamais manifestés pour tenter de nous faire cesser d'accumuler ces risques (ils ressemblent à ces « experts du risque » qui dans le secteur économique ont un métro de retard) –, et ce sont eux qui essaient aujourd'hui de nous imposer la solution. Le scepticisme avec lequel je suggère d'appréhender ces modèles ne mène cependant pas aux conclusions professées par les anti-environnementalistes et les fondamentalistes pro-marché. C'est exactement le contraire : nous devons être hyperconservateurs sur le plan écologique, car nous ne savons pas ce que nous faisons aujourd'hui qui pourrait avoir des conséquences négatives demain. C'est la politique adéquate à adopter dans un contexte d'ignorance et d'opacité épistémique. À l'assertion : « Nous n'avons aucune preuve que nous portons préjudice à la nature » une bonne réponse serait : « Nous n'avons pas non plus de preuve que nous ne lui portons pas préjudice. » Le fardeau de la preuve ne pèse pas sur le conservateur en matière d'écologie, mais sur la personne qui dérange un système ancien. De plus, il serait préférable de ne pas « tenter de corriger » le mal qui a été fait, sous peine de créer un autre problème dont nous ne connaissons pas grand-chose actuellement.

Une solution pratique à laquelle je suis parvenu, fondée sur les non-linéarités des préjudices causés par des polluants (en supposant que le mal causé n'augmente pas en proportion des quantités libérées et en recourant au même raisonnement mathématique que celui qui m'a conduit à m'opposer à la notion de « trop grand »), consiste à répartir ces préjudices entre les polluants – si tant est qu'il nous faille polluer, bien sûr. Faisons une petite expérience.

Cas 1 : Vous administrez à un patient une dose de cyanure, de ciguë ou autre substance toxique, en supposant qu'elles aient la même nocivité – et que, dans le cas de cette expérience, il n'y ait aucune super-additivité (c'est-à-dire aucun effet synergétique).

Cas 2 : Vous administrez au patient un dixième d'une dose d'une dizaine de ce genre de substances, pour la même quantité totale de poison.

Il apparaît clairement que le cas n° 2, dans lequel il y a répartition du poison ingéré à travers différentes substances, est, au pire, aussi nocif (si toutes les substances toxiques agissent de la même façon), et, au mieux, quasiment inoffensif pour le patient.

La densité des espèces

Mère Nature n'aime pas la connectivité et la globalisation excessives (biologiques, culturelles ou économiques). Un des privilèges que me valut la publication du *Cygne Noir* fut de rencontrer Nathan Myrrhvold, le genre de personnes dont j'aimerais qu'elle soit clonée afin d'en avoir un exemplaire ici, à New York, un en Europe et un autre au Liban. Je me mis à le voir régulièrement ; chacune de nos rencontres sans exception donna naissance à une grande idée, ou à la redécouverte de mes propres idées à travers le cerveau d'une personne plus intelligente – il pourrait revendiquer sans problème la co-signature de mon prochain livre. L'ennui est que, contrairement à Spyros et à un tout petit nombre d'autres personnes, il ne converse pas en marchant (cela dit, nous nous retrouvions dans d'excellents restaurants).

N. Myrrhvold m'a éclairé sur une manière supplémentaire d'interpréter et de démontrer la façon dont la globalisation nous emmène en Extrêmistan : la notion de densité des espèces. Simplement, les environnements de grande taille sont plus scalables que les petits – permettant ainsi aux plus grands de le devenir encore plus, aux dépens des petits, et ce, à cause du mécanisme d'attachement préférentiel que nous avons vu au chapitre 14 du Cygne Noir[14]. Il est prouvé que les îles de petite taille abritent beaucoup plus d'espèces au mètre carré que les grandes, et, bien sûr, que les continents. Plus l'on voyagera sur cette planète, plus graves seront les épidémies – nous aurons une population de germes dominée par un petit nombre d'entre eux, et celui qui réussira à tuer se propagera beaucoup plus efficacement. La vie culturelle sera dominée par un nombre plus restreint de personnes : il y a moins de livres par lecteur en anglais qu'en italien (mauvais livres compris). La taille des entreprises sera plus inégale. Et les modes seront plus marquées. De même que les ruées sur les banques, bien sûr.

Une fois encore, je n'essaie pas de dire qu'il faut stopper la globalisation et empêcher les gens de voyager. Il faut simplement être conscient des effets secondaires, des compromis à faire – et peu de gens le sont. Je pressens le

---

14. N.d.T. : « Ce qui est grand le devient encore plus et ce qui est petit le reste, ou le devient un peu plus. » Et N. N. Taleb de citer un exemple extrêmement représentatif de ce mécanisme : l'usage de plus en plus répandu de l'anglais, « non pour ses qualités intrinsèques, mais parce que les gens ont besoin d'utiliser une seule et unique langue, ou de s'en tenir à l'emploi d'une seule langue quand ils discutent ». Ainsi, quelle que soit la langue qui semble avoir le dessus, « son emploi va se propager comme une épidémie, et les autres langues vont être rapidement supplantées ». (*Op. cit.*, p. 286.)

risque qu'un grave virus, très étrange, se répande à travers la planète.

Les autres types de redondances

Plus compliquées et plus subtiles, les autres catégories de redondances expliquent comment les éléments de la nature exploitent les Cygnes Noirs positifs (et fournissent en sus une « trousse de survie » aux Cygnes Noirs négatifs). Je n'en parlerai ici que très brièvement, car c'est en grande partie le sujet de mon prochain ouvrage, consacré à l'exploitation des Cygnes Noirs grâce au *bricolage* ou à la domestication de l'incertitude.

Étudiée par les biologistes, la redondance fonctionnelle consiste en cela : contrairement à ce qui se passe avec la redondance organique – la disponibilité de pièces de rechange qui permet à la même fonction d'être accomplie par des éléments identiques –, la même fonction peut très souvent être réalisée par deux structures différentes. Le terme « dégénérescence » est parfois employé (par Gerald Edelman et Joseph Gally).

Il existe une autre redondance : celle où un organe peut être employé pour assumer une certaine fonction qui n'est pas sa fonction principale actuelle. Mon ami Peter Bevelin lie cette idée aux « tympans de Saint-Marc », d'après le titre d'un essai de Stephen Jay Gould. Dans ce cas de redondance, l'espace nécessaire entre les voûtes de la cathédrale de saint Marc, à Venise, a donné naissance à un art aujourd'hui central dans l'expérience esthétique que l'on fait quand on visite ce lieu. Dans ce que l'on appelle maintenant « l'effet tympan », une conséquence annexe d'une certaine adaptation conduit à une nouvelle fonction. Je peux aussi voir cette adaptation comme possédant une fonction potentielle latente qui pourrait se manifester dans l'environnement adéquat.

La meilleure illustration de cette redondance est une dimension de l'histoire de la vie de Paul Feyerabend, philosophe des sciences haut en couleur. Bien que rendu à jamais impuissant par une blessure de guerre, il se maria quatre fois et fut un séducteur patenté, au point de laisser derrière lui une horde de petits amis et de maris désespérés parce qu'il leur avait volé leur compagne, et une horde tout aussi considérable de cœurs brisés, dont ceux de nombre de ses étudiantes (à son époque, les professeurs bénéficiaient de certains privilèges – surtout les professeurs de philosophie hauts en couleurs). Eu égard à son impuissance, c'était un exploit non négligeable. Il y avait donc d'autres parties de son corps qui parvenaient à satisfaire ce qui faisait que les femmes lui étaient attachées – quoi que ce fût.

À l'origine, Mère Nature créa la bouche pour manger, peut-être pour respirer, et peut-être pour une autre fonction liée à l'existence de la langue. Puis de nouvelles fonctions apparurent, qui ne faisaient probablement pas partie du projet initial. Certaines personnes se servent de la bouche et de la langue pour embrasser, ou pour faire quelque chose de plus intime à quoi Feyerabend avait notoirement recours.

Au cours des trois dernières années, je suis devenu obsédé par l'idée que dans des conditions de limitations épistémiques – une opacité quelconque concernant l'avenir – il ne pourrait y avoir évolution (et survie) sans la présence d'un de ces trois types de redondances. On ne sait pas aujourd'hui ce dont on pourra avoir besoin demain. Cela s'oppose radicalement à la notion de dessein téléologique que nous avons appris de la lecture d'Aristote et qui a façonné la pensée arabo-occidentale du Moyen Âge. Pour Aristote, un objet avait un but bien précis fixé par son créateur. Un œil était là pour voir, un nez pour sentir. C'est un argument rationaliste, une autre manifestation de ce que je nomme « platonicité ». Cependant, tout ce qui a un usage secondaire, et pour lequel on n'a pas payé, présentera une occasion supplémentaire dans le cas où une application jusque-là inconnue ou un nouvel environnement feraient leur apparition. L'organisme présentant le plus grand nombre d'usages secondaires est celui qui bénéficiera le plus du caractère aléatoire de l'environnement et de l'opacité épistémique !

Prenez l'aspirine. Il y a quarante ans, sa raison d'être était son effet antipyrétique (anti-fièvre). Plus tard, elle fut utilisée pour son effet analgésique (anti-douleur). Elle a également été employée pour ses propriétés anti-inflammatoires. Aujourd'hui, on l'utilise surtout pour fluidifier le sang afin d'éviter une seconde (ou première) crise cardiaque. La même chose vaut pour pratiquement tous les médicaments – beaucoup sont utilisés pour leurs propriétés secondaires et tertiaires.

Je viens de jeter un coup d'œil à la table de travail qui se trouve dans mon bureau d'affaires, celui où je n'écris pas mes ouvrages (je sépare le côté fonctionnel du côté esthétique). Un ordinateur portable est adossé à un livre, car j'aime que mon ordinateur soit un peu incliné. Ce livre est une biographie en français de l'impétueuse Lou Andreas Salomé (amie de Nietzsche et de Freud) dont je peux dire avec certitude que je ne la lirai jamais ; c'est pour son épaisseur, idéale pour la tâche qui lui est assignée, que je l'ai choisie. Cela me fait réfléchir à la bêtise consistant à penser que les livres sont là pour être lus et pourraient être remplacés par des fichiers électroniques. Songez à la série de redondances qu'offrent les livres. Impossible d'impressionner vos voisins avec des fichiers électroniques – impossible de valoriser votre *ego*. Les objets semblent posséder des fonctions annexes invisibles mais significatives dont nous n'avons pas conscience, mais qui leur permettent de prospérer – et à l'occasion, comme pour les livres qui servent de décoration, la fonction annexe devient la fonction principale.

Ainsi, quand on a beaucoup de redondances fonctionnelles, le hasard permet d'équilibrer les choses, mais à une condition – que l'on puisse tirer profit de ce hasard plutôt qu'en être victime (argument que j'appelle plus techniquement « convexité à l'incertitude »). C'est incontestablement le cas de nombreuses applications d'ingénierie, dans lesquelles certains outils en engendrent d'autres.

En outre, je suis actuellement plongé dans l'étude de l'histoire de la médecine, qui devait s'accommoder de cette illusion aristotélicienne de dessein, en recourant aux méthodes rationalistes de Galen qui tuèrent tant de gens alors que les médecins pensaient qu'ils les guérissaient. Notre psychologie conspire : les gens aiment se rendre à une destination précise plutôt qu'affronter un degré d'incertitude quelconque, même si cela peut leur rapporter. Et la recherche elle-même, la manière dont elle est conçue et fondée, semble téléologique : elle vise les résultats précis plus qu'elle ne recherche les expositions maximales aux bifurcations.

Outre « convexité », j'ai donné des noms plus compliqués à cette idée, tels qu'« optionalité » – car on a l'option de faire abstraction de la facilité liée au hasard –, mais pour moi il s'agit encore d'un travail en cours d'évolution. L'évolution vers le deuxième type de hasard, voilà ce que j'appelle « bricolage », et c'est le sujet de mon prochain livre.

Distinctions sans différence, différences sans distinction

Autre avantage de la duplication. Tout au long du *Cygne Noir*, je me concentre sur l'absence de distinctions pratiques entre les diverses notions de chance, d'incertitude, d'incomplétude des informations et d'occurrences fortuites, qui recourent au simple critère de prédictabilité, ce qui les met à égalité sur le plan fonctionnel. La probabilité peut correspondre à des degrés de croyance, à ce dont on se sert pour faire un pari, ou à quelque chose de plus physique associé au véritable hasard (appelé « ontique », et sur lequel je reviendrai plus tard). Pour paraphraser Gerd Gigerenzer[15], « 50 % de risque de pluie demain » peut signifier à Londres qu'il pleuvra la moitié de la journée et vouloir dire en Allemagne que la moitié des experts pensent qu'il pleuvra et (c'est moi qui ajoute cela), à Brooklyn, que le marché des paris au bar est tel que l'on paierait cinquante cents pour gagner un dollar s'il pleut.

Pour les scientifiques, le traitement est le même. On recourt à la même équation pour décrire une distribution des probabilités, indépendamment du fait de savoir si la probabilité est un degré de croyance ou le dessein de Zeus, qui, croyons-nous, fait la pluie et le beau temps. Pour nous praticiens de probabilités (c'est-à-dire personnes qui travaillons avec la probabilité dans un contexte scientifique et pratique), la probabilité d'un événement, quelle que soit sa définition, est simplement un nombre réel compris entre 0 et 1, appelé mesure de l'ensemble

---

15. N.d.T : Directeur de l'Institut Max-Planck de Berlin pour la recherche sur l'éducation, dont l'action en tant que psychologue jouit d'une réputation internationale, et auteur d'un ouvrage intitulé *L'Esprit d'ouverture*, paru en 2009 chez Belfond.

concerné. Lui attribuer d'autres noms et symboles serait gênant et empêcherait le transfert des résultats analytiques d'un domaine à un autre.

Pour un philosophe, c'est une tout autre histoire. J'ai déjeuné deux fois avec le philosophe (analytique) Paul Boghossian – et ce, à trois ans d'intervalle : la première après avoir achevé la première édition du *Cygne Noir*, la seconde après avoir terminé cet essai. Au cours de notre première conversation, il a déclaré que, d'un point de vue philosophique, c'était une erreur de faire l'amalgame entre la probabilité en tant que mesure du degré de croyance rationnel d'un individu et la probabilité en tant que propriété des événements qui se produisent dans le monde. Pour moi, cela impliquait qu'il valait mieux ne pas utiliser le même langage mathématique, mettons, le même symbole, « p », ni écrire la même équation pour traduire les différents types de probabilités. J'ai passé trois ans à me demander s'il avait raison ou tort, s'il s'agissait d'une bonne *redondance*. Puis j'ai redéjeuné avec lui, mais dans un meilleur (et même plus chaleureux) restaurant.

Il m'a mis en garde contre une formule employée par les philosophes : « distinction sans différence ». J'ai alors pris conscience de la chose suivante : il y a des distinctions utilisées par les philosophes qui ont un sens au plan philosophique, mais pas, semble-t-il, dans la pratique ; cependant, si l'on approfondit cette idée, elles sont peut-être nécessaires, et peuvent avoir un sens dans la pratique si l'environnement change.

De fait, prenez l'opposé de la formule citée ci-dessus : « différences sans distinction ». Ces différences peuvent être terriblement trompeuses. On emploie le même terme, « mesurer » en parlant de mesurer une table avec une règle et de mesurer un risque – alors que cette dernière expression fait référence à une prévision ou quelque chose du genre. Et le mot « mesurer » véhicule une illusion de connaissance qui peut être gravement déformante : comme nous le verrons, nous sommes très vulnérables psychologiquement aux termes employés et à la manière dont les choses sont formulées. En conséquence, si l'on utilisait le mot « mesurer » en parlant de la table et « prévoir » en parlant du risque, *les Cygnes Noirs généreraient moins de dindes.*

Les mélanges terminologiques sont très courants dans l'histoire. Permettez-moi de revenir sur l'idée de chance. À une époque, le mot latin *felix* (de *felicitas*) était employé à la fois pour qualifier quelqu'un de chanceux et quelqu'un d'heureux (cet amalgame entre le bonheur et la chance s'explique aisément dans le contexte de l'Antiquité, puisque la déesse Felicitas symbolisait les deux). Le mot anglais *luck* vient de l'allemand *Glück* : bonheur. Tous les gens qui ont de la chance ayant l'air heureux, un homme de l'Antiquité aurait jugé vaine cette distinction entre les deux concepts (sans penser qu'on pourrait être heureux sans nécessairement avoir de chance). Mais dans un contexte moderne il nous faut extraire la chance du bonheur – l'utilité de la probabilité – pour effectuer toute analyse psychologique de la prise de décision. (Bien sûr, il est difficile de dissocier les deux quand on voit les gens prendre des décisions dans un contexte probabiliste. Ils peuvent avoir tellement peur des mauvaises choses susceptibles de leur arriver qu'ils ont tendance à dépenser des fortunes en assurance, ce qui pourrait nous inciter à croire à tort qu'ils considèrent comme forte la probabilité qu'un événement contraire se produise.) Nous voyons donc que l'absence de précision en l'occurrence fait que le langage des Anciens nous semble très peu clair ; pour ces derniers, cependant, la distinction aurait été une redondance.

Une société aguerrie contre l'erreur

Je n'aborderai que très brièvement la crise de 2008, laquelle s'est produite après la publication du *Cygne Noir*, et fut tout un tas de choses, mais pas un Cygne Noir, simplement le résultat de la fragilité des systèmes édifiés sur la non-prise en compte – et le déni – de la notion d'événements de type « Cygne Noir » (on sait avec quasi-certitude qu'un avion conduit par un pilote incompétent finira par s'écraser).

Pourquoi « très brièvement » ? *Primo, Le Cygne Noir* n'est pas un livre d'économie, mais un ouvrage sur l'incomplétude de la connaissance et sur les effets de l'incertitude à fort impact – les choses sont ainsi faites que les économistes sont l'espèce la plus aveugle aux Cygnes Noirs de la planète. *Deuxio*, je préfère parler des événements *avant* qu'ils aient lieu, non pas *après*. Mais le grand public confond le prospectif avec le rétrospectif. Les mêmes journalistes, économistes et experts politiques qui n'avaient pas vu venir la crise survenue en 2008, ont fourni *a posteriori* des analyses extrêmement détaillées sur son inévitabilité. L'autre raison, la vraie, est que cette crise ne m'intéressait pas assez sur le plan intellectuel – il n'y avait rien, dans les événements, qui ne se soit déjà produit avant, à une échelle moindre (par exemple, en 1982, les banques avaient perdu chaque centime qu'elles avaient gagné). Comme je le dirai plus bas, ce fut pour moi une simple opportunité financière. Franchement, j'ai relu *Le Cygne Noir* et je n'ai rien trouvé à y ajouter – rien que nous n'ayons déjà connu à un moment ou un autre de l'histoire, comme les débâcles financières précédentes, rien dont j'avais appris quoi que ce soit – rien, hélas.

Le corollaire est évident : comme il n'y a rien de nouveau dans la crise de 2008, nous n'en apprendrons rien et referons la même erreur dans le futur. Et en voilà des preuves patentes alors même que j'écris ces lignes : le FMI continue de publier des prévisions (sans se rendre compte que les précédentes n'ont pas fonctionné et que les pauvres pigeons qui se fieront à celles-là vont – une fois de plus – avoir des ennuis) ; les professeurs d'économie utilisent toujours la courbe de Gauss ; le gouvernement actuel est peuplé par ceux qui font prendre à l'erreur de modèle des proportions industrielles, nous amenant plus que jamais à nous appuyer sur des modèles[16].

Cette crise illustre cependant un besoin de force qui mérite qu'on s'y arrête ici.

Au cours des deux mille cinq cents dernières années d'idées connues, seuls les imbéciles et les platonistes (ou, pire encore, l'espèce qu'on appelle les banquiers centraux) ont cru dans des utopies échafaudées. Nous verrons que l'idée n'est pas de corriger les erreurs et d'éliminer le hasard de la vie économique et sociale au moyen d'une politique monétaire, de subsides, etc. *C'est simplement de circonscrire les erreurs et les mauvais calculs de l'homme* et d'empêcher qu'ils ne se propagent à travers le système, comme le fait Mère Nature. Réduire le hasard volatil et

---

16. Il est clair que tout l'*establishment* économique, soit environ un million de gens sur cette planète impliqués dans un aspect quelconque de l'analyse économique, la planification, la gestion de risques et la prévision, se sont avérés être les dindons de la farce simplement parce qu'ils ont fait l'erreur de ne pas comprendre la structure de l'Extrêmistan, les systèmes complexes et les risques cachés, tout en se fiant à d'absurdes mesures et prévisions des risques – et tout cela malgré l'expérience qu'on en a, car ces méthodes n'ont jamais fonctionné dans le passé.

ordinaire augmente l'exposition aux Cygnes Noirs – cela crée un calme artificiel.

Je rêve d'une véritable Épistémocratie – c'est-à-dire d'une société aguerrie contre les erreurs des experts, les erreurs de prévision et l'arrogance, une société capable de résister à l'incompétence des hommes politiques, des régulateurs, des économistes, des banquiers centraux, des banquiers tout court, des conseillers politiques et des épidémiologistes. Il est impossible de rendre les économistes plus scientifiques, les êtres humains plus rationnels (quoi que cela signifie), et de faire disparaître les modes. La solution est plutôt simple une fois qu'on isole les erreurs dommageables, comme nous le verrons avec le quatrième quadrant.

Ainsi suis-je actuellement écartelé entre a) mon désir de passer mon temps à réfléchir longuement à mes idées dans des cafés européens et dans le calme de mon bureau, ou à trouver quelqu'un avec qui converser tout en marchant lentement dans un cadre urbain agréable, et b) le sentiment d'être obligé de m'engager dans un activisme destiné à aguerrir la société, en parlant à des gens sans intérêt et en me plongeant dans la cacophonie du monde inesthétique du journalisme et des médias, en allant à Washington voir des types bidons en costume arpenter les rues, en devant défendre mes idées tout en m'efforçant de me montrer aimable et de dissimuler mon manque de respect. Cela s'est révélé très perturbant pour ma vie intellectuelle. Il existe cependant des subterfuges. Un subterfuge utile que j'ai découvert consiste à éviter d'écouter la question de l'interviewer et à répondre par une chose à laquelle je réfléchis depuis quelque temps. Fait extraordinaire, ni les interviewers ni le public ne remarquent l'absence de lien entre la question et la réponse.

Un jour, j'ai été sélectionné pour faire partie d'un groupe de cent personnes qui se rendaient à Washington pour passer deux jours à discuter de la façon de résoudre les problèmes de la crise qui a commencé en 2008. Toutes les grosses légumes, ou presque, étaient présentes. Après une heure de réunion, et pendant un discours du Premier ministre australien, j'ai quitté la salle, car ma souffrance devenait intolérable. Je regardais le visage de ces gens, et mon dos commençait à me faire mal. Le cœur du problème, c'est qu'aucun d'eux ne connaissait le cœur du problème.

Cela me convainc qu'il y a une solution unique pour le monde, qui doit être conçue selon des principes très simples de force face aux Cygnes Noirs – sans quoi il ira droit à la catastrophe.

Aujourd'hui, je ne suis donc plus engagé. Je suis de retour dans ma bibliothèque. Je n'éprouve même pas de frustration – peu m'importe, même, que les prévisionnistes plongent la société dans la crise ; quant aux dupes du hasard (au contraire), elles ne parviennent même plus à me contrarier – c'est peut-être grâce à une autre découverte liée à une application particulière de l'étude des systèmes complexes, l'Extrêmistan, et à cette science des longues promenades.

CHAPITRE 2

Pourquoi je marche autant,
ou comment les systèmes
se fragilisent

*Réapprendre à marcher – La tempérance, il
ne connaissait pas – Attraperai-je Bob Rubin ?
Extrêmistan et voyage avec Air France*

QUELQUES HALTÈRES DE PLUS

Une fois encore, grâce à la médiatisation dont *Le Cygne
Noir* a bénéficié, j'ai eu connaissance d'un nouvel aspect
de force dans les systèmes complexes... de la manière
la plus inattendue. L'idée est venue de deux auteurs et
praticiens dans le domaine du *fitness*, qui ont intégré les
notions de hasard et d'Extrêmistan (mais de type « Cygne
Gris ») dans notre compréhension du régime et de l'activité physique. Curieusement, le premier des deux, Art
de Vany, est la personne qui a étudié l'Extrêmistan dans

les films (voir le chapitre 3 du *Cygne Noir*)[1]. Le second, Doug McGuff, est médecin. Et tous deux savent ce qu'est la forme physique, surtout Art, qui, à soixante-douze ans, ressemble à ce à quoi un dieu grec voudrait ressembler à quarante-deux ans. Tous deux faisaient référence aux idées du *Cygne Noir* dans leur travail et s'identifiaient à elles ; et je l'ignorais.

Puis, à ma grande honte, j'ai découvert la chose suivante : j'avais passé ma vie à réfléchir sur le hasard, et écrit trois livres (dont un technique) sur le fait d'y faire face ; je me vantais d'être expert en la matière, de la statistique à la psychologie. Et une chose essentielle m'avait échappé : les organismes vivants (qu'il s'agisse du corps humain ou de l'économie) ont absolument besoin de la variabilité et du hasard. Qui plus est, ils ont besoin du type de variabilité extrêmistanaise, de certains facteurs de stress extrêmes, sans quoi ils se fragilisent. C'est cela qui m'avait complètement échappé[2].

Pour reprendre la métaphore employée par Marc Aurèle, les organismes ont besoin de transformer les obstacles en carburant – exactement comme le feu.

Endoctriné par l'environnement culturel et par mon éducation, je vivais dans l'illusion qu'exercice physique régulier et alimentation stable étaient bons pour la santé. Je ne me rendais pas compte que je tombais dans des

---

1. N.d.T. : Art de Vany a étudié l'incertitude sauvage au cinéma et montré qu'une grande partie de ce que l'on attribuait aux compétences n'était qu'une attribution *a posteriori* ; il affirme que c'est le film qui fait l'acteur, et une bonne dose de chance non linéaire qui fait le film (*op. cit.* p. 63).

2. Il existe une différence entre les facteurs de stress et une exposition nocive qui affaiblit les organismes, telle la radiation dont j'avais parlé au chapitre 8 du *Cygne Noir*, avec l'histoire des rats (*op. cit.* p. 153-154).

arguments rationalistes dangereux, la projection platonique de ses désirs dans le monde. Pire, j'avais été endoctriné alors même que j'avais toutes les données en tête.

Grâce au modèle « proie-prédateur » (dit aussi de Lotka-Volterra, et qui décrit un type de dynamique de population), je savais que les populations connaîtront la variabilité de type extrêmistanais et que les prédateurs passeront donc nécessairement par des périodes d'extrême famine et par des périodes d'extrême abondance. Nous sommes ainsi, les êtres humains – il fallait que nous soyons conçus pour connaître la faim extrême et l'abondance extrême. Il fallait donc que notre consommation de nourriture soit fractale. Pas un seul défenseur des idées « trois repas par jour » et « mangez avec modération » ne les a testées de manière empirique pour vérifier que ces pratiques étaient effectivement plus saines que des jeûnes intermittents suivis d'agapes monumentales[3].

Cependant, les religions proche-orientales (le judaïsme, l'islam et le christianisme orthodoxe) le savaient, bien entendu – tout comme elles savaient la nécessité d'éviter de s'endetter –, et elles prévoyaient des jours de jeûne.

Je savais aussi que la taille des rochers et des arbres était, jusqu'à un certain point, fractale (j'ai même écrit sur ce point au chapitre 16 du *Cygne Noir*[4]). Nos ancêtres étaient

---

3. Ce problème a une dimension « sociologie de la science. » Le journaliste scientifique américain Gary Taubes m'a convaincu que la majorité des conseils en matière de régime (concernant la diminution des graisses dans les régimes) allaient à l'encontre des preuves. Si je peux comprendre que l'on entretienne des croyances sur des choses naturelles sans les justifier de manière empirique, les croyances qui nient les preuves aussi bien naturelles que scientifiques dépassent mon entendement.

4. N.d.T. : « La fractalité est la répétition à des échelles différentes de modèles géométriques révélant des versions de plus en plus petites

essentiellement confrontés au fait de devoir soulever des rochers très légers – facteurs de stress peu importants ; une à deux fois par décennie, ils étaient obligés de soulever un énorme rocher. Alors, d'où cette idée d'exercice physique « régulier » peut-elle bien venir ? À la période du Pléistocène, personne ne faisait de *jogging* pendant quarante-deux minutes trois fois par semaine, ne soulevait de poids tous les mardis et les vendredis avec un *coach* privé intraitable (mais gentil, au demeurant) et ne jouait au tennis à onze heures le samedi matin. Des chasseurs n'auraient pas fait cela. On oscillait entre des extrêmes : on piquait un *sprint* quand on était poursuivi ou que l'on poursuivait soi-même (parfois jusqu'à l'épuisement), et on déambulait sans but le reste du temps. Le marathon est une abomination moderne (surtout pratiqué sans *stimuli* émotionnels).

La stratégie des haltères a une autre application : beaucoup d'oisiveté, et un degré élevé d'intensité. Les données montrent que de longues, très longues promenades associées à des exercices physiques intenses sont plus bénéfiques que le simple fait de courir.

Je ne parle pas des « marches à vive allure » du genre de celles dont il est question dans la section Santé du *New York Times*. Je veux dire marcher sans faire aucun effort.

Qui plus est, songez à la corrélation négative entre la dépense et l'absorption de calories : nous chassions en réaction à la faim ; nous ne mangions pas de petit-

---

d'eux-mêmes. Dans une certaine mesure, ces petites parties ressemblent au tout. (…). Les veines des feuilles ressemblent à des branches ; les branches ressemblent à des arbres ; et les rochers, à de petites montagnes. Quand la taille d'un objet change, il n'y a pas de changement qualitatif. (…) C'est ainsi que fonctionne la nature. » (*Op. cit.*, p. 332-333.)

déjeuner pour chasser, et la chasse augmentait notre déficit d'énergie.

Si l'on prive un organisme de facteurs de stress, on affecte son épigénétique et l'expression de ses gènes – certains gènes sont régulés à la hausse (ou à la baisse) par leur contact avec l'environnement. Un individu qui n'est pas confronté à des facteurs de stress ne survivra pas s'il en rencontre un jour. Songez simplement à ce qu'il reste de la force d'une personne qui a passé un an alitée, ou qui, ayant grandi dans un environnement stérile, prend un jour le métro de Tokyo, dans lequel les passagers sont serrés comme des sardines.

Pourquoi suis-je en train de recourir à des arguments évolutionnaires ? Ce n'est pas du fait de l'optimalité de l'évolution, mais exclusivement pour des raisons épistémologiques – comment faire face à un système complexe caractérisé par des liens causaux opaques et des interactions compliquées. Mère Nature n'est pas parfaite, mais s'est jusqu'à présent montrée plus intelligente que les êtres humains, et certainement beaucoup plus intelligente que les biologistes. Mon approche consiste donc à associer des recherches fondées sur des preuves (débarrassées de théorie biologique) à un *a priori* selon lequel Mère Nature a plus d'autorité que quiconque.

Après avoir eu cette illumination, je me lançai, sous la houlette d'Art de Vany, dans un style de vie façon « stratégie des haltères » extrêmistanaise : longues, très longues, et lentes promenades méditatives (ou conversationnelles) dans un décor urbain stimulant, mais entrecoupées de *sprints* très brefs (et aléatoires) pendant lesquels je faisais en sorte d'éveiller ma colère en imaginant que je poursuivais ce *bankster* de Robert Rubin avec un grand bâton en essayant de l'attraper et de le traîner devant les tribunaux. Je me rendis de manière aléatoire dans trente-huit salles où l'on pouvait soulever des poids pour y effectuer un entraînement complètement stochastique – essentiellement dans les hôtels, quand j'étais en déplacement. À l'instar des Cygnes Gris, ces moments où je soulevais des poids étaient très, très rares mais extrêmement lourds de conséquences, arrivant au terme d'une journée où je n'avais quasiment rien mangé et me laissant complètement épuisé. Puis, des semaines durant, je menais une vie complètement sédentaire et traînais dans les cafés. Même la durée des entraînements restait aléatoire – mais la plupart du temps elle était très courte, moins de quinze minutes. J'optais pour la solution de l'ennui minimal et restais très poli avec les employés du club de gym qui qualifiaient d'« irrégulières » mes séances d'entraînement. Je m'infligeais en outre des variations thermiques – m'exposant, à l'occasion, à un froid extrême sans porter de manteau. Grâce aux voyages transcontinentaux et aux décalages horaires, je subissais des périodes de privation de sommeil suivies d'un excès de repos. Quand j'allais dans des pays où l'on trouve de bons restaurants – en Italie, par exemple –, j'ingurgitais des quantités de nourriture qui auraient impressionné Gros Tony lui-même[5], puis sautais des repas pendant quelque

---

5. N.d.T. : « Gros Tony » est un personnage que Nassim Taleb introduit au chapitre 9 du *Cygne Noir* ; archétype du gars de Brooklyn débrouillard parti de presque rien, il a appris sur le tas à faire facilement des affaires juteuses sur la base d'un principe simple : « Trouver qui est le pigeon. » Il est aujourd'hui un des plus riches de Brooklyn, voyage en première classe et roule en Cadillac. Mais sa caractéristique principale, qui lui vaut son surnom, est son tour de taille impressionnant, même si Tony « n'est objectivement pas aussi gros que son surnom semble l'indiquer ; c'est juste que la forme de son corps donne l'impression qu'aucun de ses vêtements ne lui va » – un tour de taille dû manifestement à un appétit féroce, puisque, nous dit l'auteur, « Tony fait la fortune des restaurateurs ». (*Op. cit.*, p. 171-172.)

temps sans en souffrir. Après deux ans et demis de ce régime apparemment « malsain », je constatai à tous égards des changements significatifs dans mon apparence physique : absence de tissu adipeux superflu, pression sanguine d'un jeune de vingt et un ans, etc. Mon esprit est également plus clair et beaucoup plus pénétrant.

L'idée essentielle est donc de troquer la durée contre l'intensité – contre un bénéfice hédoniste. Souvenez-vous du raisonnement que j'exposais dans le chapitre 6 du *Cygne Noir* : de même que les gens préfèrent les pertes importantes mais soudaines aux pertes modérées mais régulières, de même qu'il y a un stade au-delà duquel on s'ennuie à périr, les expériences désagréables, comme celle consistant à s'entraîner sans *stimuli* extérieurs (par exemple à la gym), ou à passer du temps dans le New Jersey, doivent être aussi concentrées et aussi intenses que possible.

Une autre manière de voir la relation avec l'idée de Cygne Noir est la suivante. La thermodynamique classique produit des variations gaussiennes, tandis que les variations informationnelles sont de nature extrêmistanaise. Permettez-moi quelques explications. Si vous considérez votre régime et vos exercices physiques comme de simples déficits ou excès d'énergie, avec une équation stricte entre calories absorbées et calories dépensées, vous allez tomber dans le piège consistant à interpréter le système de manière erronée comme un ensemble de liens causaux et mécaniques. Votre consommation de nourriture équivaut alors à remplir le réservoir de votre nouvelle BMW. D'un autre côté, si vous considérez que la nourriture et l'exercice physique activent des signaux métaboliques accompagnés de cascades métaboliques et de non-linéarités dues aux effets de réseaux, et de liens récursifs, alors, bienvenue dans la complexité, c'est-à-dire en Extrêmistan. La nourriture comme les séances d'entraînement fournissent à votre corps des informations sur les facteurs de stress dans l'environnement. Comme je ne cesse de le répéter, le hasard informationnel est d'origine extrêmistanaise. La médecine est tombée dans le piège consistant à utiliser la thermodynamique simple, avec la même jalousie à l'égard de la physique, la même mentalité et les mêmes outils que les économistes quand ils considéraient l'économie comme une toile composée de liens simples[6]. Et les êtres humains comme les sociétés sont des systèmes complexes.

Toutefois, ces idées sur le mode de vie ne viennent pas seulement de l'expérience personnelle ou d'une théorie de charlatan. Au vu des recherches fondées sur des preuves et revues par les pairs dont on dispose, tous les résultats étaient complètement attendus. La faim (ou déficit d'énergie passager) renforce le corps et le système immunitaire, et favorise la régénération des cellules cervicales, affaiblit les cellules cancéreuses et prévient le diabète. C'est juste que la pensée actuelle – comme l'économie, d'une certaine manière – n'était pas en phase avec la recherche empirique. J'ai réussi à recréer 90 % des avantages du mode de vie chasseur-cueilleur et ce, avec le minimum d'efforts, sans faire de compromis par rapport à un style de vie moderne, et dans la beauté d'un cadre urbain (je m'ennuie à mourir dans la nature et préfère faire le tour du quartier juif de Venise que de passer du temps à Bora Bora)[7].

---

6. Les équations financières utilisées par ces escrocs pour la « marche aléatoire » sont fondées sur la diffusion de la chaleur.

7. L'argument, souvent entendu, selon lequel les peuples primitifs vivent *en moyenne* moins de trente ans ne tient pas compte de la distribution autour de cette moyenne ; il faut analyser l'espérance de vie de manière conditionnelle. Beaucoup mouraient jeunes, de blessures ; beaucoup vivaient très longtemps, et en bonne santé. C'est exactement l'erreur consistant à se laisser abuser par le hasard en se fiant à la

En vertu du même argument, on peut réduire de 90 % les risques de Cygne Noir dans la vie économique... il suffit d'éliminer la dette spéculative.

La seule chose qui manque actuellement à ma vie est la panique, due, disons, au fait de trouver un gigantesque serpent dans ma bibliothèque, ou de voir l'économiste Myron Scholes pénétrer dans ma chambre au beau milieu de la nuit, armé jusqu'aux dents. Je manque de ce que le biologiste Robert Sapolsky nomme « l'aspect bénéfique du stress aigu » par opposition à « l'effet délétère du stress chronique » – autre haltère, car pas de stress plus une quantité infime de stress extrême est infiniment préférable à une quantité de stress minime mais constante (comme celle qu'occasionnent les soucis liés à un remboursement de prêt).

D'aucuns m'ont opposé que ma santé était le fait de mes longues promenades, entre dix et quinze heures par semaine (mais personne ne m'a expliqué pourquoi elles auraient valeur de séances d'entraînement puisque je marche lentement), tandis que d'autres affirment qu'elle est due aux quelques minutes où je pique un *sprint* ; j'ai eu autant de mal à expliquer le caractère indissociable de ces deux extrêmes que les écarts économiques. Si l'on subit des facteurs de stress aigu suivis de moments de repos, comment dissocier les facteurs de stress de la guérison ? L'Extrêmistan se caractérise par les deux extrémités polaires, une forte dose de faible impact, une faible dose de fort impact. Songez que la présence de concentration, en l'occurrence de dépense d'énergie, nécessite qu'un nombre élevé d'éléments ne contribue à rien du tout... excepté à la

---

notion de « moyenne » en présence de variations, qui incite les gens à sous-estimer les risques dans le domaine boursier.

dilution. Tout comme la condition qui fait que la volatilité du marché s'explique par des à-coups (disons qu'un jour en cinq ans représente la moitié de la variation) nécessite que la plupart des autres jours demeurent excessivement calmes. Sur un million d'auteurs, si un seul réalise la moitié des ventes de livres, il faut beaucoup d'auteurs pour ne vendre aucun livre.

C'est le piège de la dinde que j'aborderai plus tard : les philistins (et les présidents de la Réserve fédérale américaine) confondent périodes de faible volatilité (causées par les politiques de stabilisation) avec périodes à faible risque, et non avec passages à l'Extrêmistan.

Bienvenue en Extrêmistan Gris. Gardez-vous de trop jouer avec le système complexe que Mère Nature vous a donné : votre corps.

Attention à la stabilité fabriquée

Une variante du même raisonnement nous permet de voir comment la peur de la volatilité que j'ai évoquée auparavant, qui conduit à intervenir dans la nature de façon à lui imposer une « régularité », nous fragilise dans de multiples domaines. Empêcher de petits incendies de forêt ouvre la voie à des incendies plus graves ; donner des antibiotiques quand ce n'est pas nécessaire nous rend plus vulnérables aux graves épidémies – et peut-être à celle-là, énorme, cette infection majeure qui résistera aux antibiotiques connus et voyagera sur Air France.

Ce qui m'amène à un autre organisme : la vie économique. Notre aversion pour la variabilité et notre désir d'ordre, et le fait que nous agissions en conséquence, ont contribué à précipiter de graves crises. Favoriser la croissance artificielle d'une chose (au lieu de la laisser mourir si elle ne peut pas survivre aux facteurs de stress) ne fait qu'augmenter sa vulnérabilité à un très grave effondrement – je l'ai montré avec la vulnérabilité du Cygne Noir liée à l'augmentation de sa taille. Autre chose que nous avons vue dans la débâcle de 2008 : le gouvernement américain (ou, plutôt, la Réserve fédérale américaine) essaie depuis des années de faire disparaître le cycle économique, nous exposant ainsi à une grave destruction. Voilà mon argument à l'encontre des politiques de « stabilisation » et de la fabrication d'un environnement non volatile. J'en dirai plus sur ce sujet ultérieurement. Je vais maintenant traiter de deux ou trois choses concernant l'idée de Cygne Noir, qui, comme on pouvait s'y attendre, semblent avoir quelque difficulté à pénétrer les consciences.

CHAPITRE 3

Margaritas ante porcos[1]

Comment ne pas vendre de livres dans les aéro-
ports – De l'eau minérale dans le désert – Comment
dénigrer les idées des gens et y parvenir

Permettez-moi de recommencer. *Le Cygne Noir* traite
des limitations épistémiques importantes, des limites à la
fois psychologiques (arrogance et biais) et philosophiques
(mathématiques) de la connaissance, tant individuelle
que collective. Si je dis « importantes », c'est parce que la
cible de l'ouvrage concerne les événements rares à fort
impact, car ils font s'écrouler nos connaissances empiriques
et théoriques – plus ces événements sont éloignés dans
le temps, moins nous pouvons les prédire, et pourtant
ce sont ceux qui exercent l'impact le plus puissant. *Le
Cygne Noir* traite donc de l'erreur humaine dans certains

---

1. Locution latine ; en français : « Des perles aux pourceaux. »

domaines, aggravée par une longue tradition de scientisme et une myriade d'informations qui alimentent la confiance sans augmenter la connaissance. Il couvre le problème des experts – les dégâts causés par la confiance que l'on accorde à des charlatans déguisés en scientifiques, avec ou sans équations, ou à des scientifiques classiques qui ne sont pas des charlatans, mais qui ont dans leurs méthodes une confiance un peu plus grande que les preuves ne le justifient. Le thème essentiel du livre est : ne pas être le dindon de la farce dans les domaines où cela importe – mais il n'y a pas de mal à être une dupe quand cela ne prête pas à conséquence.

Principales erreurs de compréhension du message

Je vais faire brièvement état de certaines difficultés de compréhension du message et des idées de ce livre, qui sont traditionnellement le fait de professionnels et étonnamment moins du lecteur *lambda* – l'amateur, mon ami. En voici une liste :

1)   Confondre le Cygne Noir (avec des majuscules) avec le problème logique. (Erreur commise par les intellectuels anglais – les intellectuels des autres pays ne connaissent pas suffisamment la philosophie analytique pour la faire[2].)

2)   Déclarer que les cartes que nous avions valaient mieux que pas de carte du tout. (Les gens qui n'ont aucune expérience en cartographie, les « experts » du

---

2. Malgré la citation de Juvénal, la plupart des intellectuels persistent à attribuer l'expression « Cygne Noir » à Popper ou à Mill, parfois Hume. L'expression latine *niger cygnus* est peut-être encore plus ancienne – probablement d'origine étrusque.

risque, ou, pire encore, les employés de la Réserve fédérale américaine.)

C'est l'erreur la plus étrange. Je connais peu de gens qui embarqueraient à bord d'un avion à destination de l'aéroport de La Guardia à New York, dont le pilote se servirait d'une carte de l'aéroport d'Atlanta « parce qu'il n'y a rien d'autre ». Les gens dont le cerveau n'est pas hors service préféreraient prendre leur voiture, le train, ou rester chez eux. Pourtant, dès qu'ils s'occupent d'économie, ils préfèrent tous, sur le plan professionnel, recourir en Extrêmistan aux mesures destinées au Médiocristan en invoquant la raison qu' « ils n'ont rien à faire d'autre ». L'idée, volontiers acceptée par les grands-mères, que l'on devrait opter pour une destination pour laquelle on dispose d'une bonne carte, ne pas y aller, puis trouver « la meilleure » carte, est étrangère aux titulaires de doctorats d'universités américaines en sciences sociales.

3) Penser qu'un Cygne Noir doit être un Cygne Noir pour tous les observateurs. (Erreur commise par les gens qui n'ont pas passé beaucoup de temps à Brooklyn et manquent de la débrouillardise et de l'intelligence sociale qui leur permettraient de s'apercevoir que certaines personnes sont des pigeons.)

4) Ne pas comprendre la valeur des conseils négatifs (« Ne faites pas... ») et m'écrire pour me demander quelque chose de « constructif » ou une « étape suivante ». (Erreur généralement commise par les présidents de grandes sociétés et ceux qui aimeraient le devenir un jour[3].)

---

3. Méprise fréquente : quand je dis que l'on devrait éviter la catastrophe si un Cygne Noir survenait, on croit que je laisse entendre qu'on

5)   Ne pas comprendre que ne rien faire peut être
     préférable, et de beaucoup, à faire quelque chose
     de potentiellement néfaste. (Erreur commise par
     la plupart des gens qui ne sont pas des grands-
     mères.)

6)   Coller sur mes idées des étiquettes toutes faites
     (« scepticisme », « longues queues de distribution »,
     « lois de puissance »), et assimiler ces idées à des
     traditions de recherche inappropriées (ou, pire, affir-
     mer que la logique à laquelle j'ai recouru était une
     « logique modale », une « logique confuse », ou tout
     ce dont la personne a vaguement entendu parler).
     (Erreur commise par les titulaires de licences des
     côtes est et ouest des États-Unis.)

7)   Penser que *Le Cygne Noir* traite des erreurs dues
     à l'utilisation de la courbe en cloche, que tout le
     monde connaissait, apparemment, et qu'il est pos-
     sible de remédier à ces erreurs en substituant un
     nombre mandelbrotien à un autre. (Erreur commise
     par l'engeance pseudo-scientifique des professeurs
     titulaires de finance tels que Kenneth French.)

8)   Affirmer tout au long de 2008 que « nous savions
     tout ça » et qu'« il n'y a rien de nouveau » dans mes
     idées, et puis, bien sûr, être ruiné par la crise. (Erreur
     commise par les mêmes professeurs titulaires de

---

devrait parier sur les Cygnes Noirs qui se produisent. Comme nous le
verrons au chapitre 4, je préconise l'omission, pas la commission. La
différence est énorme, et je suis littéralement assiégé par des gens qui se
demandent si l'on peut être détruit en faisant des paris sur la survenue de
Cygnes Noirs (comme Néro, Giovanni Drogo, ou le pauvre scientifique
qui a un beau-frère riche). Ces gens ont fait leur choix pour des raisons
existentielles, pas nécessairement économiques, même si l'économie
d'une telle stratégie fait sens pour un groupe d'individus.

finance que précédemment, mais qui sont allés travailler à Wall Street et se retrouvent maintenant sur la paille.)

9)   Confondre mon idée avec celle de la falsification selon Popper – ou prendre n'importe quelle idée venant de moi et la faire entrer dans une catégorie préconçue aux accents bien familiers. (Erreurs commises le plus souvent par les sociologues, les professeurs de science sociale à l'université de Columbia et d'autres qui tentent d'être des intellectuels pluridisciplinaires et d'apprendre des mots à la mode sur Wikipedia.)

10)   Considérer comme mesurables les probabilités (d'états futurs) – par exemple la température, ou le poids de votre sœur. (Gens qui ont passé un doctorat à l'Institut de technologie du Massachusetts ou quelque chose comme cela, puis sont allés travailler quelque part, et passent maintenant leur temps à lire des *blogs*.)

11)   Dépenser de l'énergie à comprendre la différence entre hasard ontique et hasard épistémique – le véritable hasard, et le hasard occasionné par des informations incomplètes – au lieu de se concentrer sur les différences plus importantes entre Médiocristan et Extrêmistan. (Les gens qui n'ont pas de *hobby*, pas de problèmes personnels, pas d'amour, et trop de temps libre.)

12)   Penser que je dis « Ne faites pas de prévisions » ou « N'utilisez pas de modèles » au lieu de « N'utilisez pas de prévisions stériles terriblement erronées » et « Ne recourez pas à des modèles du quatrième quadrant ». (Erreur commise par la plupart des gens qui gagnent leur vie en faisant des prévisions.)

13)   Confondre ce que je dis avec « C'est la catastrophe »
       plutôt que « Voilà les cas où c'est la catastrophe ».
       (Nombre d'ex-bénéficiaires de bonus)[4].

De fait, l'amateur intelligent, curieux et ouvert est mon
ami. J'ai eu l'agréable surprise de découvrir que l'amateur
raffiné qui se sert des livres pour sa propre gouverne et
le journaliste (sauf, bien sûr, s'il est employé par le *New
York Times*) pouvaient comprendre mes idées bien mieux
que les professionnels. Moins authentiques, les lecteurs
professionnels lisent trop vite ou ont des *a priori*. Quand
ils lisent pour le « travail » ou dans le but d'asseoir leur
position (en écrivant un article, par exemple) plutôt que
de satisfaire une véritable curiosité, les lecteurs qui possèdent un bagage trop (ou peut-être pas assez) important
ont tendance à lire rapidement et avec efficacité, passant
le jargon technique au peigne fin et ne tardant pas à faire
des associations avec des idées préconçues. Cela a très vite
donné lieu à une compression des idées exposées dans *Le
Cygne Noir* pour les faire entrer dans un cadre marchandisé
et familier, comme si mes positions pouvaient être réduites
à des notions classiques telles que scepticisme, empirisme,
essentialisme, pragmatisme, falsification popperienne,
incertitude knightienne, économie comportementale, lois
de puissance, théorie du chaos, etc. Mais l'amateur a sauvé
mes idées. Merci, lecteur.

Comme je l'ai écrit, manquer un train n'est pénible
que si l'on court après[5]. Comme je ne recherchais pas le

---

4. Si la plupart des gens que ce message laisse perplexes s'avèrent
s'occuper d'économie et de sciences sociales – et il se trouve que les
lecteurs issus de ces secteurs sont bien moins nombreux que les autres
– c'est parce que d'autres membres de la société qui ne possèdent pas
ce bagage comprennent presque instantanément le message du livre.

5. N.d.T. : *Op. cit.*, chap. 19, p. 379.

best-seller (je pensais en avoir déjà fait un avec mon ouvrage précédent et voulais simplement produire un vrai livre), il me fallut faire face à toute une myriade d'effets secondaires accablants. Je vis le livre traité dès le départ – en raison de sa condition de *best-seller* – comme les « livres d'idées » non fictionnels, journalistiques de A à Z, amputé par un réviseur méticuleux et « compétent » et vendu dans les aéroports à des hommes d'affaires « intelligents ». Donner un vrai livre à ces *Bildungsphilisters* éclairés que l'on appelle couramment lecteurs de livres d'idées, c'est donner un bordeaux millésimé à des buveurs de Diet Coke et écouter ce qu'ils ont à en dire. Leur doléance classique : ils veulent des « mesures à mettre en œuvre » du genre « livre de régime » ou « de meilleurs outils prévisionnels », confirmant ainsi leur statut d'éventuelles victimes d'un Cygne Noir. Nous verrons plus loin que, succombant à un mal identique au biais de confirmation, les charlatans fournissent les conseils positifs très demandés (ce qu'il faut faire), car les gens n'apprécient pas les conseils négatifs (ce qu'il ne faut pas faire). Bon, « comment ne pas faire faillite » ne semble pas un conseil valable, et pourtant, étant donné qu'au fil du temps seule une petite minorité d'entreprises ne font pas faillite, éviter la mort est le meilleur conseil possible – et le plus solide. (Il est particulièrement bon une fois que vos concurrents se mettent à avoir des ennuis et que vous pouvez procéder à un pillage légal de leur affaire[6].)

---

6. Voici par exemple une anecdote qui contribue à expliquer la crise de 2008 : un certain Matthew Barrett, ancien président de la Barclays Bank et de la Banque de Montréal (toutes deux ont été victimes de catastrophes financières pour s'être exposées à l'Extrêmistan parce qu'elles avaient utilisé des méthodes de gestion de risques adaptées au Médiocristan), s'est plaint, après tous les événements qui ont marqué 2008 et 2009, du fait que *Le Cygne Noir* ne lui disait pas ce qu'il devait

En outre, très rares sont les lecteurs (disons, ceux qui travaillent dans la prévision ou la banque) qui comprennent que, pour eux, « la mesure à mettre en œuvre » consiste simplement à quitter leur profession et à faire quelque chose de plus moral.

Hormis le fait d'influencer nos préjugés intellectuels et de dire aux gens ce qu'ils veulent entendre, ces « livres d'idées » délivrent souvent leur message sur un ton d'investigation péremptoire qui est odieux, comme les rapports de ces conseillers en gestion qui essaient de vous faire croire qu'ils vous en ont dit plus que ce n'est réellement le cas. J'ai élaboré un test de compression simple à l'aide d'une version de ce que l'on appelle la complexité de Kolmogorov, qui permet de mesurer à quel point un message peut être réduit sans perdre son intégrité : essayez de réduire le plus possible la taille d'un livre sans rien sacrifier du message qu'il voulait délivrer et de son essence. Mon ami, le romancier Rolf Dobelli (lequel n'apprécie manifestement pas de marcher lentement et m'entraîne dans des randonnées dans les Alpes), propriétaire d'une société qui effectue des résumés de livres et les vend à des hommes d'affaires affairés, m'a convaincu de la noblesse de cette mission, les livres de commerce pouvant presque tous être réduits à quelques pages sans rien perdre de leur message et de leur essence – ce qui n'est pas le cas des romans et des textes philosophiques.

Ainsi un essai philosophique est-il un début, non une fin. Pour moi, c'est exactement la même méditation qui

---

faire pour régler la situation et qu'il ne pouvait pas diriger une société en s'inquiétant des risques de Cygne Noir. Ce monsieur n'a jamais entendu parler des notions de fragilité et de force face aux écarts extrêmes – ce qui illustre mon idée selon laquelle l'évolution ne fonctionne pas par l'enseignement, mais par la destruction.

se poursuit de livre en livre, contrairement au travail d'un écrivain d'ouvrages non fictionnels, qui, disons, passera à chaque fois à un sujet complètement différent, circonscrit pour des besoins journalistiques. Je veux que mon travail soit une nouvelle façon de voir la connaissance, le tout début d'une longue recherche, les prémices de quelque chose d'authentique. De fait, à l'heure où j'écris ces lignes, quelques années après la publication du *Cygne Noir*, je suis content de voir l'idée se répandre parmi des lecteurs intelligents, inciter des universitaires la partageant à aller plus loin en initiant des recherches dans les domaines de l'épistémologie, l'ingénierie, l'éducation, la défense, la recherche d'opérations, les statistiques, la théorie politique, la sociologie, les études climatiques, la médecine, le droit, l'esthétique et l'assurance (mais pas tant dans le domaine dans lequel *Le Cygne Noir* a trouvé une confirmation quasi immédiate, de type « Cygne Noir » : l'économie).

J'ai eu la chance de n'avoir à attendre qu'un ou deux ans (et une grave crise financière) pour que la République des Lettres s'aperçoive que *Le Cygne Noir* était un conte philosophique.

Comment effacer ses crimes

Après la publication du livre, l'accueil réservé à mes idées a connu deux phases distinctes. Lors de la première – *Le Cygne Noir* étant entré dans la liste des *best-sellers* de tous les pays, ou presque, dans lesquels il avait paru –, nombre de spécialistes des sciences sociales et de praticiens de la finance tombèrent dans le piège consistant à le critiquer au seul motif que je vendais trop d'exemplaires et que mon livre était accessible aux lecteurs ; il ne pouvait par conséquent pas refléter une pensée originale et systématique, et n'était qu'une « vulgarisation » qui ne valait pas la peine d'être lue, et encore moins d'être commentée.

Le premier changement de régime se produisit lorsque je fis état de mon travail mathématique, empirique et universitaire plus difficile sous la forme d'une dizaine d'articles parus dans diverses revues pour tenter d'expier mon crime : avoir vendu trop de livres[7]. Puis, plus rien.

Toujours aucune critique au moment où j'écris ces lignes ; de fait, mon article sur le quatrième quadrant paru dans l'*International Journal of Forecasting* (et que je simplifie dans cet essai) apporta la preuve irréfutable que la plupart des articles d'économie « rigoureux » utilisant des statistiques sophistiquées (ou peut-être tous) n'étaient que du bla-bla, participaient d'une arnaque collective (avec dilution des responsabilités) et étaient inutilisables pour toute forme de gestion de risques. À ce jour, il est clair que, malgré quelques campagnes de diffamation, ou, plutôt, quelques tentatives de campagne de diffamation (généralement menées par d'anciens employés de Wall Street ou des buveurs de Diet Coke), nul n'a réussi à présenter de réfutation formelle (ou même informelle) de cette idée – ni des arguments logiques-mathématiques, ni des arguments empiriques.

Néanmoins, je compris entre-temps une chose très précieuse concernant la manière de présenter l'idée de

---

7. Environ quatorze articles universitaires (mais très, très ennuyeux) à ce jour. (Ils sont aussi ennuyeux à écrire qu'à lire !) Leur nombre ne cesse cependant de croître, et ils sont publiés au rythme de trois par an. Taleb (2007), Taleb et Pilpel (2007), Goldstein et Taleb (2007), Taleb (2008), Taleb (2009), Taleb, Goldstein et Spitznagel (2009), Taleb et Pilpel (2009), Mandelbrot et Taleb (2010), Makridakis et Taleb (2010), Taleb et Tapiero (2010a), Taleb et Tapiero (2010b), Taleb et Douady (2010), et Goldstein et Taleb (2010).

Cygne Noir. De même que, dans *Le Hasard sauvage*[8], j'avais soutenu (initialement, sur la base de mon expérience personnelle), qu'il existait une différence considérable entre « une probabilité de survivre de 70 % » et « une probabilité de mourir de 30 % », je découvris qu'il valait infiniment mieux dire aux chercheurs : « C'est là que vos méthodes fonctionnent très bien » que « Voilà ce que vous ignorez, les gars. » Si bien que, lorsque je présentai une carte des quatre quadrants à ce qui était jusqu'alors l'assemblée la plus hostile au monde, celle des membres de l'Association américaine de statistiques, et que je dis à ses membres : «Vos connaissances fonctionnent à merveille dans ces trois quadrants, mais prenez garde au quatrième, car c'est là que les Cygnes Noirs se reproduisent », je reçus aussitôt approbation, soutien, propositions d'amitié éternelle, rafraîchissements (Diet Coke), invitations à assister à leurs séances, accolades même. En fait, c'est comme cela qu'une série d'articles de recherche se mit à utiliser mon travail sur la localisation du quatrième quadrant, etc. Ils tentèrent de me convaincre que les statisticiens n'étaient pas responsables de ces aberrations, imputables à des gens des sciences sociales qui appliquaient des méthodes statistiques sans les comprendre (chose, nous le verrons plus loin, que je fus absolument horrifié de vérifier plus tard dans le cadre d'expériences formelles).

Le second changement de régime survint avec la crise de 2008. Je continuai à être invité à des débats mais cessai d'honorer ces invitations, car cela devenait difficile pour moi d'entendre des arguments compliqués et de m'empêcher de sourire, parfois en coin. Pourquoi sourire ? Eh bien,

---

8. N.d.T. : Titre original : *Fooled by Randomness*. La version française a paru aux Belles Lettres en 2005.

parce que j'avais eu raison. Ce n'était pas la satisfaction intellectuelle d'avoir gain de cause – non ; comme je le découvris, le monde universitaire ne change pas volontairement d'avis, excepté, peut-être, dans certaines sciences du réel comme la physique. J'éprouvai un sentiment différent : il est difficile de se concentrer sur une discussion, surtout économique, quand on vient de gagner plusieurs centaines de fois le salaire annuel du chercheur qui essaie de vous démontrer que vous avez tort, en défendant une représentation du monde contraire à la sienne.

Une traversée du désert

Car après la publication du *Cygne Noir,* j'avais connu une période difficile sur le plan psychologique – ce que les Français appellent une *traversée du désert*[9] ; j'éprouvais, de fait, la démoralisante sensation d'assèchement et de désorientation de qui traverse un désert en quête d'une destination inconnue ou d'une terre plus ou moins promise. J'en avais vu de toutes les couleurs, à m'écrier : « Au feu ! Au feu ! Au feu ! » pour prévenir des risques cachés du système face à des gens qui ne tenaient pas compte du contenu de mon message et se contentaient d'en critiquer la présentation, comme s'ils me disaient : « Quand vous criez "Au feu ! Au feu ! Au feu !", votre prononciation n'est pas exacte. » Ainsi, l'organisateur d'une conférence connue sous le sigle TED (une monstruosité qui transforme les scientifiques et les penseurs en animateurs de bas étage – en gens du cirque) se plaignit que le style de ma présentation n'était pas conforme à son goût pour les choses trop lisses, et ne publia pas sur le Web ma conférence sur « Cygnes

---

9. N.d.T : En français dans le texte.

Noirs et fragilité ». Bien sûr, il essaya ensuite de s'attribuer le mérite des mises en garde que j'avais exprimées avant la crise de 2008[10].

La plupart des arguments avancés étaient que « les temps ont changé », invoquant « la grande modération » d'un certain Ben Bernanke (président de la Réserve fédérale américaine au moment où j'écris ces lignes) qui tomba dans le piège de la dinde-avant-*Thanksgiving* – piège consistant à ne pas comprendre que l'on peut passer à l'Extrêmistan suite à une baisse de la volatilité quotidienne.

En outre, quand je m'insurgeais contre les modèles, les spécialistes des sciences sociales ne cessaient de répéter qu'ils connaissaient les limites de ceux-ci et qu'il existe un dicton qui dit que « tous les modèles sont faux, mais [que] certains sont utiles » – sans comprendre que le vrai problème est que « certains sont nocifs ». Très nocifs. Comme dirait Gros Tony : « Ça coûte rien de parler. » Mark Spitznagel et moi-même nous sommes donc de nouveau attelés à la tâche consistant à « aguerrir » nos clients contre le Cygne Noir (à aider les gens à se rapprocher de la stratégie des haltères dont j'ai reparlé plus haut). Nous étions convaincus que le système bancaire allait s'effondrer sous le poids de risques cachés – qu'un tel événement serait un Cygne Blanc. Sa couleur virait du gris au blanc à mesure que le système accumulait les risques. Plus nous serions obligés

---

10. Même si c'en est ici une manifestation un peu extrême, cette malhonnêteté n'est pas inhabituelle du tout. Nombre de personnes intellectuellement honnêtes que j'avais averties et qui avaient lu mon livre me reprochèrent après coup de ne pas les avoir tenues au courant de la crise – elles étaient tout simplement incapables de s'en souvenir. Pour un pourceau qui vient tout juste d'être éclairé, il est pénible de se rappeler qu'il a vu une perle dans le passé sans savoir que c'en était une.

de l'attendre, et plus il serait grave. L'effondrement eut lieu environ un an et demi après la publication du livre. Cela faisait longtemps que nous l'attendions et parions contre le système bancaire (et que nous protégions les clients en les aguerrissant contre le Cygne Noir), mais l'accueil réservé au *Cygne Noir* – et l'absence de réfutations qui ne fussent pas *ad hominem* – nous alerta beaucoup plus que par le passé sur la nécessité de se protéger.

À l'instar d'Antaeus, qui perdit sa force en se coupant de tout contact avec la Terre, j'avais plus besoin d'un lien avec le monde réel, de quelque chose de réel et d'appliqué, que de me concentrer sur des arguments susceptibles de me donner gain de cause et d'essayer de convaincre les gens de mon point de vue (les gens sont presque toujours convaincus de ce qu'ils savent déjà). Sans même parler de satisfaction intellectuelle, le fait de mettre le nez dans le monde réel, de faire coïncider ma vie avec mes idées en me frottant au *trading* eut un effet thérapeutique ; le seul fait d'avoir placé une transaction me donna la force de ne pas m'en faire. Quelques mois avant le début de la crise de 2008, je fus pris à parti lors d'une réception par un psychologue de Harvard qui, bien qu'ignorant la théorie de la probabilité, semblait avoir des comptes à régler avec moi et mon livre (les détracteurs les plus mauvais et les plus amers sont généralement ceux qui ont un ouvrage concurrent dans les rayons des librairies). Avoir une transaction en cours me permit de me moquer de lui – ou, ce qui est encore pire, d'éprouver une certaine complicité avec lui, grâce à sa colère. Je me demande ce qui serait advenu de l'état psychologique d'un autre auteur qui aurait été ma copie conforme à tous égards excepté celui d'être impliqué dans les transactions boursières et la prise de risque. Quand on met vraiment en pratique ce que l'on dit, que l'on y parvienne ou non, on est plus indifférent et moins sensible à l'opinion des gens, on se sent plus libre, plus ancré dans la réalité.

Finalement, ces débats m'apportèrent une chose : la preuve que les événements de type « Cygne Noir » sont très souvent causés par des individus qui recourent à des mesures qu'ils ne maîtrisent pas, donnant ainsi une confiance erronée fondée sur des résultats bidons. Outre ma profonde perplexité concernant la raison pour laquelle les gens utilisent des mesures de nature médiocristanaise en dehors du rayon d'applicabilité de ces dernières, et y croient, j'eus l'intuition d'un problème beaucoup plus vaste : quasiment aucune des personnes qui travaillaient dans le cadre de leur profession avec des mesures probabilistes ne savait ce dont elle parlait, ce dont j'eus confirmation lorsque je participai à des débats et à des commissions avec nombre de gros bonnets, dont au moins quatre étaient titulaires du Nobel d'économie. Véridique. Et ce problème pouvait être mesuré, vérifié très facilement. Il pouvait y avoir des *quants*, des universitaires et des étudiants qui utilisaient et écrivaient des tonnes d'articles en faisant appel à la notion d'« écart type », mais ils ne comprenaient pas intuitivement ce qu'elle signifiait, de sorte qu'on pouvait les coincer en leur posant des questions élémentaires sur la signification non mathématique, la véritable signification conceptuelle de leurs nombres. Et pour les coincer, nous les coinçâmes ! Dan Goldstein et moi-même effectuâmes des expériences sur des professionnels à l'aide d'outils probabilistes, et nous eûmes un choc en découvrant que 97 % d'entre eux, pas moins, échouaient à répondre à des questions élémentaires[11].

---

11. Dan Goldstein et moi-même collaborons et réalisons des expériences sur les intuitions humaines concernant différentes catégories de hasard. Dan Goldstein ne marche pas lentement.

Par la suite, Emre Soyer et Robin Hogarth acceptèrent la validité de cette initiative et la testèrent dans l'utilisation d'un domaine détestable appelé économétrie (domaine qui, s'il faisait l'objet de la moindre observation scientifique, n'existerait pas) – encore une fois, la plupart des chercheurs ne comprennent pas les outils qu'ils utilisent.

Maintenant que je me suis libéré du récit de l'accueil réservé à mon livre, pénétrons en territoire plus analytique.

CHAPITRE 4

Asperger et le Cygne Noir ontologique

Les polards sont-ils plus aveugles aux Cygnes ? Compétences sociales en Extrêmistan – De l'immortalité du Dr. Greenspan

Si *Le Cygne Noir* traite des limitations épistémiques, eh bien, en partant de cette définition, on voit qu'il ne traite pas d'un phénomène défini de manière objective, comme la pluie ou un accident de voiture – c'est simplement une chose à laquelle un observateur *en particulier* ne s'attendait pas.

Je me demandais donc pourquoi tant de gens par ailleurs intelligents avaient pu douter avec tant de désinvolture du fait que certains événements, comme la Grande Guerre ou l'attentat du 11-Septembre contre les tours du World Trade Center, étaient des Cygnes Noirs, sous prétexte que *certains* les avaient prédits. Bien sûr que le 11 septembre fut un Cygne Noir pour les personnes qui moururent dans cet attentat, sans quoi elles ne se seraient pas exposées à ce risque. Mais ce n'en fut certainement pas un pour les terroristes qui planifièrent et perpétrèrent l'attentat. Désertant la salle d'haltérophilie, j'ai passé un temps fou à répéter qu'un Cygne Noir pour la dinde n'en était pas un pour le boucher.

La même chose vaut pour la crise de 2008, qui fut sans doute un Cygne Noir pour presque tous les économistes, journalistes et financiers de cette planète (dont – c'était prévisible – Robert Merton et Myron Scholes, les dindes du chapitre 17[1] du *Cygne Noir*), mais certainement pas pour l'auteur de ce livre. (Soit dit en passant, pour illustrer une autre erreur courante, quasiment aucun de ceux – très rares – qui semblaient avoir « prédit » cet événement avait prédit sa profondeur. Nous verrons en effet qu'en raison de l'atypisme des événements qui se produisent en Extrêmistan il ne s'agit pas simplement, avec le Cygne Noir, de la survenue d'un événement quelconque, mais également de sa profondeur et de ses conséquences.)

La probabilité d'Asperger

Hormis le fait qu'elle témoigne d'une incompréhension totale de mes idées sur le Cygne Noir, cette notion

---

1. N.d.T. : Pour mémoire : « Myron Scholes et Robert C. Merton avaient amélioré une vieille formule mathématique et l'avaient rendue compatible avec les grandes théories gaussiennes sur l'équilibre financier général – et donc par l'*establishment* économique. Cette formule était maintenant "utilisable". Scholes et Merton avaient sur le sujet une liste de "prédécesseurs" oubliés depuis longtemps (...). Si Scholes et Merton faisaient dépendre cette formule du système gaussien, leurs "précurseurs", eux, ne la soumettaient à aucune restriction de ce genre. » (*Op. cit.*, p. 358-359.)

d'un Cygne Noir objectif qui serait le même pour tous ses observateurs semble dangereusement liée au problème de l'atrophie d'une faculté humaine appelée « théorie de l'esprit » ou « psychologie populaire ». Certaines personnes, par ailleurs intelligentes, présentent une faiblesse de cette capacité humaine à imputer aux autres une connaissance différente de la leur. Selon les chercheurs, ce sont les gens que l'on rencontre fréquemment dans le secteur de l'ingénierie ou dans les départements de physique, à l'université. Nous en avons vu un exemple avec Dr. John au chapitre 9 du *Cygne Noir*[2].

On peut contrôler chez un enfant l'existence d'une atrophie de la théorie de l'esprit à l'aide d'une variante du « test de la fausse croyance ». On prend deux enfants. L'un d'eux place un jouet sous le lit et quitte la pièce. En son absence, le second enfant – le sujet – le ramasse et le cache dans une boîte. On demande au sujet : « Quand il reviendra dans la chambre, où l'autre enfant cherchera-t-il le jouet ? » Les enfants au-dessous de quatre ans, disons (âge auquel la théorie de l'esprit commence à se développer), optent pour la boîte, alors que ceux qui sont plus âgés donnent la bonne réponse : l'enfant cherchera sous le lit. Vers cet âge-là, les enfants commencent à se rendre compte qu'une autre personne peut être démunie d'une partie des informations dont ils disposent eux-mêmes et

---

2. N.d.T. : N. N. Taleb nous présentait le personnage de Dr. John, titulaire d'un doctorat de l'université du Texas, à Austin, et ancien ingénieur travaillant comme actuaire dans une compagnie d'assurances où l'essentiel de sa tâche consistait à exécuter des programmes informatiques de gestion de risques, comme « un gars consciencieux, raisonnable et calme, qui prend son travail au sérieux (...) et l'image même du "polard", c'est-à-dire quelqu'un dont la pensée est beaucoup trop conforme au moule ». (*Op. cit*, p. 173-174.)

avoir des convictions autres que les leurs. Eh bien, ce test permet de détecter des formes d'autisme légères : aussi grande soit leur intelligence, beaucoup peuvent avoir du mal à se mettre à la place des autres et à imaginer le monde à partir des informations d'autrui. En fait, il existe un terme pour qualifier la situation d'une personne qui peut fonctionner normalement mais souffre d'une forme d'autisme légère : le syndrome d'Asperger.

Le psychologue Simon Baron-Cohen a effectué de nombreuses recherches qui font la distinction entre les extrêmes dans le tempérament des gens par rapport à deux facultés : capacité à systématiser, et capacité à être en empathie avec les autres et à les comprendre. D'après ces recherches, les individus qui sont uniquement dans la systématisation souffrent d'un manque de théorie de l'esprit ; ils sont attirés vers l'ingénierie et activités similaires (et quand ils échouent, vers l'économie mathématique, par exemple) ; les esprits empathiques sont attirés vers des professions plus sociales (ou littéraires). Gros Tony, lui, appartiendrait bien sûr à la seconde catégorie. Les hommes sont surreprésentés dans la catégorie de ceux qui systématisent, alors que les femmes prédominent dans la catégorie opposée.

Il faut noter le fait, nullement surprenant mais très important, que les gens atteints du syndrome d'Asperger sont extrêmement réfractaires à l'ambiguïté.

Les recherches montrent que les universitaires sont surreprésentés dans la catégorie des gens qui systématisent et sont aveugles aux Cygnes Noirs ; ce sont eux que j'ai appelés « Fous de Locke » dans le chapitre 17 du *Cygne Noir*[3]. À ma connaissance, il n'existe aucun test formel

---

3. N.d.T. : L'auteur explique que le fou selon Locke « raisonne correctement à partir de suppositions erronées ». (*Op. cit.*, p. 364.)

direct de cécité face au Cygne Noir et d'esprit enclin à
la systématisation, à l'exception d'un calcul que George
Martin et moi-même effectuâmes en 1998 et qui nous
démontra que tous les professeurs de finance et d'économie quantitative des grandes universités que nous avions
suivis et qui s'étaient lancés dans le commerce de fonds
de couverture avaient fini par parier *contre* les Cygnes
Noirs, s'exposant ainsi à des catastrophes financières. Cette
préférence n'était pas aléatoire puisque à l'époque, entre
le tiers et la moitié des gens qui n'étaient pas professeurs
avaient ce genre d'investissement. Les plus célèbres de
ces universitaires étaient, une fois de plus, les « nobélisés »
Myron Scholes et Robert C. Merton, que Dieu a créés afin
de me permettre d'illustrer ma théorie sur la cécité face
aux Cygnes Noirs[4]. Pendant la crise, tous ces universitaires
ont connu des problèmes dont je parle dans le chapitre cité
plus haut, qui ont entraîné la faillite de leur société, Long
Term Capital Management. Remarquez que les personnes
qui font tout un plat de discussions sur l'incompatibilité du
syndrome d'Asperger avec la prise de risques et l'analyse
des risques qui n'ont pas pu être pris en compte dans les

---

4. Robert Merton, le méchant du chapitre 17, homme doté d'un
esprit extrêmement mécaniste (jusque dans son intérêt pour les machines
et son emploi de métaphores empruntées au domaine de la mécanique
pour décrire l'incertitude), semble effectivement avoir été créé dans le
seul but d'illustrer les dangers de la cécité face au Cygne Noir. Après
la crise de 2008, il a défendu la prise de risques encouragée par les
économistes, en arguant qu'« il s'agissait d'un Cygne Noir » simplement
parce qu'il ne l'avait pas vu venir ; c'est pourquoi, a-t-il dit, les théories
ne posaient aucun problème. Il n'en a pas conclu que, comme nous ne
voyons pas venir ces événements, il nous faut nous aguerrir contre eux.
Généralement, les gens comme lui ne restent pas dans le patrimoine
héréditaire de l'espèce humaine ; la titularisation universitaire les y
maintient un peu.

modèles, avec tous les dangers que ce syndrome implique pour la société – ces mêmes personnes s'opposeraient à ce que quelqu'un dont la vue est gravement endommagée conduise un car d'écoliers. Ce que je suis en train de dire, c'est simplement que, de même que j'ai lu Milton, Homère, Taha Husain et Borges (qui étaient aveugles) mais aimerais autant ne pas les avoir comme conducteurs pour effectuer Nice-Marseille par l'autoroute, je choisis de recourir à des outils conçus par des ingénieurs, mais préfère voir les décisions délicates de la société gérées par quelqu'un qui ne souffre pas de cécité face aux risques.

REPARLONS DE NOTRE CÉCITÉ FUTURE

Souvenez-vous maintenant de la situation, exposée au chapitre 12 du *Cygne Noir*, consistant à ne pas circuler correctement entre le passé et le futur, situation semblable à l'autisme dans laquelle on ne voit pas les relations de second ordre – le sujet ne se sert pas de la relation entre le passé du passé et le futur du passé pour projeter la relation entre le passé d'aujourd'hui et le futur d'aujourd'hui. Eh bien, un monsieur nommé Alan Greenspan, ancien président de la banque de la Réserve fédérale américaine, est allé expliquer devant le Congrès américain que la crise bancaire que lui et son successeur B. Bernanke avaient contribué à provoquer n'aurait pu être prévue parce qu'elle « ne s'était jamais produite auparavant ». Pas un seul membre du Congrès n'a eu l'intelligence de s'écrier : « Alan Greenspan, vous n'avez jamais été mort – jamais en quatre-vingts ans, pas même une fois ; cela fait-il de vous quelqu'un d'immortel ? » L'abject Robert Rubin, le *bankster* que je poursuivais au chapitre 2 de cet essai, qui est un ancien ministre des Finances, a recouru au même argument – mais ce type avait écrit un gros livre sur l'incertitude (paru, ironie du sort, chez l'éditeur qui a publié mes livres, et avec le concours de l'équipe qui a travaillé sur *Le Cygne Noir*[5]).

J'ai découvert (mais à ce stade, je n'en ai même pas été surpris) qu'aucun chercheur n'avait vérifié s'il était possible de prévoir les écarts importants en économie en se basant sur ceux qui s'étaient produits dans le passé – c'est-à-dire, si les écarts importants avaient des précédents. C'est un des tests élémentaires qui manquent dans le domaine – aussi élémentaire que de vérifier qu'un patient respire ou qu'une lampe comporte bien une ampoule, mais, comme on pouvait s'y attendre, nul ne semble avoir essayé de le faire. Point n'est besoin d'être tellement porté sur l'introspection pour comprendre que les événements importants n'ont pas des parents importants : la Grande Guerre n'avait pas d'ascendant ; on n'aurait pu supputer la survenue du *krach* boursier de 1987, qui vit le marché dégringoler de près de 23 % en un seul jour, sur la base de son pire antécédent, une perte d'environ 10 % en l'espace d'une seule journée – et, bien sûr, cela s'applique à presque tous les événements de cet acabit. J'en ai conclu que les événements ordinaires peuvent permettre de prédire des

---

5. En fait, on peut employer cet argument pour justifier le risque moral et la réalisation de bénéfices excessifs et malhonnêtes (sous couvert de probabilisme). R. Rubin avait empoché plus de cent millions de dollars des bénéfices réalisés par Citigroup grâce aux risques cachés qui ne provoquent une crise qu'occasionnellement. Après avoir fait faillite, il avait une excuse : « Cela ne s'est jamais produit auparavant ». Il a conservé son argent. Nous, les contribuables, maîtres d'école et coiffeurs compris, avons dû venir à la rescousse de sa société et financer ses pertes. C'est cela que j'appelle l'élément de risque moral : payer des bonus à des gens qui ne sont pas aguerris contre les Cygnes Noirs et dont nous savions avant qu'ils ne l'étaient pas ; c'est cet « avant » qui me met en colère.

événements ordinaires, mais qu'on ne prédit quasiment jamais les événements extrêmes en se fondant strictement sur le passé, peut-être parce que ceux-ci sont plus intenses quand les gens n'y sont pas préparés.

Que cette notion ne semble pas évidente me choque. Et il est particulièrement choquant que des individus effectuent ce que l'on appelle des « tests d'effort » en prenant pour point d'ancrage le pire écart qui soit survenu dans le *passé* pour projeter le pire écart qui puisse survenir dans le futur, sans penser qu'ils auraient échoué à justifier cet écart passé s'ils avaient employé la même méthode la veille du jour où cet événement passé a eu lieu[6].

Ces gens-là ont des doctorats d'économie ; certains sont professeurs – l'un d'eux est le président de la Réserve fédérale américaine (au moment où j'écris ces lignes). Les diplômes de haut niveau rendraient-ils aveugle à ces notions élémentaires ?

De fait, le philosophe (et poète) latin Lucrèce, qui n'avait pas fréquenté d'école de commerce, a écrit que nous considérions le plus gros objet – de quelque nature que ce soit – que nous ayons vu dans notre vie comme le plus gros qui existait : *et omnia de genere omni/Maxima quae vivit quisque, haec ingentia fingit.*

---

6. De fait, c'est l'absence de représentation d'ordre supérieur – l'incapacité d'accepter des assertions telles que : « La méthode que j'emploie pour estimer ce qui est bon ou mauvais est-elle bonne ou mauvaise ? » (laquelle, comme nous le verrons dans le paragraphe suivant, est centrale quand on traite de probabilités), et c'est cette absence qui pousse les gens comme Dr. John à être dupes des mesures et à y croire sans mettre leurs croyances en doute. Ils n'arrivent pas à comprendre la méta-probabilité, la probabilité d'ordre supérieur – c'est-à-dire, la probabilité que la probabilité qu'ils utilisent peut ne pas être bonne.

LA PROBABILITÉ DOIT ÊTRE SUBJECTIVE[7]

Cela soulève un problème qui vaut la peine d'être examiné en profondeur. Le fait que nombre de chercheurs ne s'aperçoivent pas immédiatement que le Cygne Noir correspond surtout à une carte du monde incomplète, ou que certains chercheurs soient obligés de souligner cette qualité subjective (Jochen Runde, par exemple, a écrit un essai judicieux sur l'idée de Cygne Noir, mais dans lequel il s'est senti obligé de se donner la peine d'insister sur son aspect subjectif), nous conduit au problème historique dans la définition même de la probabilité. Historiquement, il y a eu quantité d'approches de la philosophie de la probabilité. L'idée que deux personnes peuvent avoir deux visions différentes du monde, puis les exprimer en tant que probabilités différentes, est restée étrangère à la recherche. C'est pourquoi les chercheurs scientifiques ont mis un certain temps à accepter l'idée contraire au syndrome d'Asperger que des gens différents, tout en étant sensés, pouvaient assigner des probabilités différentes à des états futurs du monde différents. C'est ce qu'on appelle la « probabilité subjective ».

La probabilité subjective fut formulée par Frank Plumpton Ramsey en 1925 et Bruno de Finetti en 1937. La conception de la probabilité de ces deux pointures intellectuelles est qu'elle peut être représentée comme une mesure du degré de croyance (on définit un nombre entre 0 et 1 correspondant à la force de sa conviction qu'un événement donné va se produire) personnelle à chaque observateur

---

7. Il est conseillé au lecteur néophyte dans ce domaine de sauter cette section.

– et donc subjective –, qui l'exprime aussi rationnellement qu'il le souhaite sous certaines contraintes. Ces contraintes de cohérence dans la prise de décision sont évidentes : on ne peut parier *à la fois* qu'il y a 60 % de chances qu'il neige demain et 50 % de chances qu'il ne neige pas. Il faut éviter de violer ce que l'on appelle la contrainte du livre hollandais : c'est-à-dire qu'on ne peut exprimer ses probabilités de manière incohérente en se lançant dans une série de paris qui renferment une certaine perte, par exemple, en agissant comme si les probabilités de contingences dissociables pouvaient s'élever à plus de 100 %.

Il existe ici une autre différence, entre le hasard « véritable » (disons, l'équivalent d'un lancé de dés divin) et le hasard résultant de ce que j'appelle « limites épistémiques », c'est-à-dire, manque de connaissance. Ce que l'on appelle incertitude ontologique (ou ontique), par opposition à épistémique, est la forme de hasard dans lequel le futur n'est pas sous-entendu par le passé (ni par quoi que ce soit d'autre, d'ailleurs). Il est créé à chaque minute par la complexité de nos actions, ce qui rend l'incertitude beaucoup plus fondamentale que celle, épistémique, due à une connaissance imparfaite.

Cela veut dire que ce que l'on qualifie de « long terme » n'existe pas dans le cas de ces systèmes, dits « non ergodiques », par opposition aux systèmes ergodiques. Dans un système ergodique, les probabilités de ce qui est susceptible de se produire à long terme ne sont pas affectées par les événements qui peuvent avoir lieu, disons, l'année suivante. Quelqu'un qui joue à la roulette au casino peut devenir très riche, mais, s'il continue à jouer, étant donné que l'établissement à plus de chances de gagner, il finira par faire faillite. Quelqu'un qui n'est pas très compétent finira par échouer. Les systèmes ergodiques se caractérisent donc en moyenne par une indépendance de pas – c'est ce que les chercheurs nomment « absence de dépendance de pas ». Un système non ergodique n'a pas de véritable propriété à long terme – il est sujet à la dépendance de pas.

Je crois que la distinction entre incertitude épistémique et incertitude ontique est importante sur le plan philosophique, mais absolument pas pertinente dans le monde réel. Il est tellement difficile de démêler l'incertitude épistémique de l'incertitude plus profonde. C'est le cas d'une « distinction sans différence » qui (contrairement à celles mentionnées précédemment) peut induire en erreur parce qu'elle détourne l'attention des vrais problèmes ; les praticiens en font tout un plat au lieu de se concentrer sur les contraintes épistémiques. Souvenons-nous que le scepticisme est précieux et qu'on devrait pouvoir y avoir recours quand c'est nécessaire.

En pratique, le « long terme » n'existe pas ; ce qui compte, c'est ce qui se produit avant le long terme. Le problème, avec le fait de recourir à l'idée de « long terme », ou à ce que les mathématiciens appellent la propriété asymptotique (ce qui arrive quand on étend quelque chose à l'infini), est que cela nous rend généralement aveugles à ce qui se produit avant le long terme – j'en reparlerai plus loin en abordant l'asymptote. Des fonctions différentes ont des pré-asymptotes différentes, en fonction de la vitesse de convergence vers cette asymptote. Mais malheureusement, comme je ne cesse de le répéter à mes étudiants, *la vie se déroule dans la pré-asymptote*, non dans quelque long terme platonique, et certaines propriétés qui valent pour la pré-asymptote (ou le court terme) peuvent diverger sensiblement de celles qui se produisent dans le long terme. En conséquence, même si elle fonctionne, la théorie se heurte à une réalité à court terme qui a plus de substance. Rares sont les personnes qui comprennent qu'en général il n'existe pas de long terme atteignable, excepté en tant que construction mathématique permettant de résoudre des équations ; pour faire l'hypothèse d'un long terme dans un système complexe, il faut également faire le postulat que rien de nouveau ne va apparaître. En outre, on peut avoir un modèle du monde parfait, dépourvu de toute incertitude concernant l'analytique de la représentation, mais avoir une petite imprécision dans l'un des paramètres à entrer dans ce modèle. Souvenez-vous de l'effet papillon de Lorenz que nous avons vu au chapitre 11 du *Cygne Noir*[8]. À cause des non-linéarités, une incertitude aussi infime au niveau du moindre paramètre est susceptible d'entraîner une incertitude considérable au niveau des résultats du modèle. Les modèles climatiques, par exemple, pâtissent de ces non-linéarités, et, même si l'on possédait le bon modèle (ce qui n'est évidemment pas le cas), une modification mineure d'un des paramètres, appelée *calibration*, pourrait inverser complètement les conclusions.

Nous reparlerons plus avant du pré-asymptotique quand nous examinerons la distinction entre les différentes catégories de distributions de probabilités. Pour l'heure, je dirai que nombre de ces distinctions mathématiques et philosophiques sont complètement exagérées, dans le style harvardien à la soviétique, *top-down*, quand on part d'un modèle, qu'on le plaque sur la réalité et qu'on commence à établir des catégories, au lieu de partir de la réalité et de regarder ce qui colle avec elle, de manière *bottom-up*.

Probabilité sur un thermomètre

Employée à mauvais escient dans la pratique, cette distinction est similaire à une autre séparation lacunaire

---

8. N.d.T. : Voir N.d.T. p. 23.

abordée plus haut, entre ce que les économistes nomment le risque knightien (calculable) et l'incertitude knightienne (incalculable). Cela suppose qu'une chose peut être calculée, alors qu'en réalité tout est plus ou moins incalculable (et les événements rares en particulier). Il faut être mentalement dérangé pour penser que les probabilités d'événements futurs sont « mesurables », au sens où la température est mesurable par un thermomètre. Nous verrons dans la section suivante que les petites probabilités sont moins calculables, et que cela a une importance quand les bénéfices associés sont conséquents.

Une autre faiblesse qu'il me faut souligner concerne une tradition de recherche en sciences sociales étrangement irréaliste et approximative ; il s'agit des « espérances rationnelles », dans lesquelles on indique aux observateurs de converger rationnellement vers la même déduction quand on leur fournit les mêmes données, et ce même si leurs hypothèses de départ diffèrent sensiblement (par un mécanisme de mise à jour appelé inférence bayésienne). Pourquoi « approximative » ? Parce qu'il suffit d'une vérification rapide pour constater que dans la réalité les gens ne convergent pas vers les mêmes opinions. Comme nous l'avons vu au chapitre 6 du *Cygne Noir*, cela est dû en partie à des déformations psychologiques telles que le biais de confirmation, qui entraîne une interprétation divergente des données. Il y a cependant une raison mathématique au fait que les gens ne convergent pas vers la même opinion : si vous recourez à une distribution des probabilités de nature extrêmistanaise, et moi à une distribution médiocristanaise (ou extrêmistanaise, mais différente de la vôtre), alors nous ne convergerons jamais, simplement parce que, si vous faites le postulat de l'Extrêmistan, vous ne mettez pas cette donnée à jour (ou ne changez pas d'avis) aussi facilement. Par exemple, si vous prenez le Médiocristan comme hypothèse de départ et ne rencontrez pas de Cygnes Noirs, vous pourrez en arriver à les exclure. Pas si vous supposez que nous sommes en Extrêmistan.

Pour conclure, supposer que le « hasard » n'est pas épistémique et subjectif, ou faire tout un plat de la distinction entre « hasard ontologique » et « hasard épistémique » implique une certaine dose d'autisme scientifique, ce désir de systématiser, et un manque fondamental de compréhension du hasard lui-même. Cela suppose qu'un observateur peut accéder à l'omniscience et calculer les chances de manière parfaitement réaliste, et sans violer les règles de cohérence. Ce qui reste devient le « hasard », ou quelque chose qui s'appelle autrement et qui est imputable à des forces aléatoires que la connaissance et l'analyse ne peuvent réduire.

Un aspect mérite d'être exploré : pourquoi diable des adultes acceptent-ils sans rire des méthodes *top-down* de type « harvardien à la soviétique » et vont-ils à Washington élaborer des politiques fondées sur ces méthodes, contrairement à ce que l'histoire nous a enseigné – sinon, peut-être, parce qu'ils veulent que les lecteurs de cette dernière se moquent d'eux et diagnostiquent de nouvelles maladies psychiatriques ? De même, pourquoi présupposons-nous automatiquement que les événements sont vécus de la même manière par tout le monde ? Pourquoi avons-nous pris au sérieux les notions de probabilité « objective » ?

Après cette incursion dans la psychologie de la perception de la dynamique du temps et des événements, passons maintenant au cœur même de notre programme, en explorant ce que j'ai qualifié de manière un peu provocante de « problème le plus utile de la philosophie ». Le plus utile, hélas.

CHAPITRE 5

(Peut-être) le problème
le plus utile de l'histoire
de la philosophie moderne

*Petit n'est peut-être pas une bonne idée, après
tout – Prédire et périr – Des cars de ramassage sco-
laire et des manuels intelligents*

Je n'irai pas par quatre chemins. Avant *Le Cygne Noir*
(et articles sur le même sujet), l'épistémologie et la théorie
de la décision n'étaient essentiellement, pour un acteur du
monde réel, que jeux intellectuels et préliminaires stériles.
L'histoire de la pensée concerne presque exclusivement
ce que nous savons, ou croyons savoir. *Le Cygne Noir* est
(à ma connaissance) *la toute première tentative* dans l'histoire de la pensée de dresser la carte des lieux où nous
pâtissons de ce que nous ne connaissons pas, de poser des
limites systématiques à la fragilité de la connaissance – et

de fournir la liste exacte des lieux pour lesquels ces cartes ne sont plus valables.

Pour répondre à la « critique » la plus courante formulée par les économistes et les banquiers (désormais en faillite), je ne suis pas en train de dire que « c'est la catastrophe », mais que « c'est la catastrophe dans le quatrième quadrant ».

Qui plus est, pour être encore plus direct, je dirai qu'alors que les limites comme celles attribuées à Gödel ont des conséquences philosophiques considérables, mais auxquelles nous ne pouvons pas grand-chose, j'ai la conviction que les limites de la connaissance empirique et statistique que j'ai exposées ont une importance significative (sinon vitale) *et* que nous pouvons faire beaucoup avec elles en termes de solutions, en catégorisant les décisions fondées sur la gravité de l'erreur d'estimation potentielle du couple « probabilité × conséquence ». Par exemple, nous pouvons utiliser ce couple pour édifier une société plus sûre – pour renforcer ce qui se trouve dans le quatrième quadrant.

Vivre en deux dimensions

Un problème fastidieux, dans l'histoire de la pensée, consiste à trouver sa position sur la frontière entre scepticisme et ingénuité, ou comment croire et *ne pas* croire. Et comment prendre des décisions fondées sur ces croyances, puisque des croyances sans décision sont tout simplement stériles. Il ne s'agit donc pas d'un problème épistémologique (c'est-à-dire se concentrant sur ce qui est vrai ou faux), mais de décision, d'action et d'engagement.

Il est clair qu'on ne peut fonctionner en doutant de tout ; et qu'il est impossible de survivre si l'on croit à tout. Mais la façon dont ce problème a été traité sur un plan philosophique s'est révélée extrêmement incomplète et, ce qui est pire, n'a pas beaucoup progressé au fil des siècles – en admettant qu'elle ait progressé. Une catégorie de penseurs – les cartésiens, par exemple, ou, quelque dix-huit siècles avant eux, les académiciens sceptiques, à leur façon – commença par rejeter tout ce qui existait en amont ; plus radicaux encore, certains, comme les pyrrhoniens, rejetèrent tant de choses qu'ils refusent même le scepticisme parce qu'ils le trouvent trop dogmatique. L'autre catégorie – disons, les représentants de la scolastique médiévale ou du pragmatisme moderne – commence par la fixation des croyances, ou de certaines croyances. Alors que les penseurs médiévaux s'arrêtèrent là à la manière d'Aristote, les premiers pragmatiques, avec le grand penseur Charles Sanders Peirce, apportèrent un rayon d'espoir. Ils proposèrent de mettre à jour et de corriger les croyances, sorte de travail perpétuellement en cours (quoique dans le cadre d'une structure de probabilité connue, car Peirce croyait à l'existence et au caractère accessible à long terme d'un état de convergence ergodique vers la vérité). Cette forme de pragmatisme (initialement appelée « pragmaticisme ») considérait la connaissance comme une interaction rigoureuse entre anti-scepticisme et faillibilité, c'est-à-dire entre ces deux catégories : ce dont il fallait douter et ce qu'il fallait accepter. L'application à mon domaine, la probabilité, et peut-être la version la plus complexe du programme, réside dans les incursions denses, difficiles, profondes et brillantes d'Isaac Levi dans la théorie de la décision avec la notion de corpus de croyances, l'engagement doxastique, de distance par rapport à l'espérance, et les probabilités crédales.

Rayon d'espoir, peut-être, mais encore bien éloigné de quoi que ce soit d'utile.

Imaginez que vous viviez dans un espace en trois dimensions en croyant vous trouver en deux dimensions. Cela peut bien se passer si vous êtes un ver de terre, mais certainement pas si vous êtes un oiseau. Bien sûr, vous n'aurez pas conscience de la troncature, et vous serez confronté à quantité de mystères – des mystères qu'il vous sera impossible d'éclaircir sans ajouter une dimension, aussi pointues soient vos tentatives. Et bien sûr il y a des fois où vous vous sentirez désemparé. Tel était le sort de la connaissance pendant tous ces siècles où elle était enfermée en deux dimensions trop simplistes pour être d'une quelconque utilité en dehors des salles de cours. Depuis Platon, seuls les philosophes ont passé du temps à discuter de ce qu'était la Vérité, et pour une raison très simple : il est impossible de la mettre en pratique. En se focalisant sur la distinction entre Vrai et Faux, l'épistémologie, à de très rares exceptions, est restée prisonnière d'une structure 2D sans importance et extrêmement incomplète. La troisième dimension manquante est, bien sûr, les conséquences du Vrai, et l'ampleur du Faux, l'espérance. En d'autres termes, *le bénéfice des décisions*, l'impact et l'ampleur du résultat de ces décisions. Il peut arriver que l'on se trompe, et l'erreur peut se révéler sans importance. Ou l'on peut avoir raison sur un sujet comme celui du sexe des anges, mettons, et cela ne s'avérera d'aucune utilité par-delà la pure satisfaction intellectuelle.

La notion simplifiée, « philistinifiée », « académifiée » et glorifiée de « preuve » devient inutile. En ce qui concerne les Cygnes Noirs, on fait en sorte de se protéger de ceux qui sont négatifs (ou de s'exposer à ceux qui sont positifs), même si l'on n'a peut-être *aucune preuve* qu'ils peuvent se produire, tout comme on vérifie que les gens ne sont pas armés avant qu'ils embarquent à bord d'un avion, quand bien même on n'a *aucune preuve* que ce sont des terroristes.

Se focaliser ainsi sur des notions marchandisées prêtes à l'emploi telles que celle de « preuves » pose problème avec les gens qui se prétendent « rigoureux », mais auxquels il arrive de faire faillite.

Un monde probabiliste a déjà du mal avec cette notion, mais la situation est bien pire dans un monde marqué par le Cygne Noir.

De fait, je n'ai quasiment connaissance d'aucune décision qui soit fondée sur les notions de Vrai/Faux.

Une fois que l'on commence à examiner les bénéfices, le résultat des décisions, on voit clairement que les conséquences de certaines erreurs peuvent être bénignes, alors que d'autres peuvent être graves. Et je peux vous assurer qu'on sait parfaitement à l'avance dans quel cas de figure on va se trouver. On sait les erreurs qui sont importantes et celles qui ne le sont pas tant que cela.

Mais commençons par nous intéresser à un problème grave concernant l'origine de la connaissance en matière de probabilités.

LA DÉPENDANCE À LA THÉORIE POUR LES ÉVÉNEMENTS RARES

Pendant ma période de traversée du désert, alors que je recevais des insultes graves mais divertissantes, je fus amené à débattre avec un monsieur qui était alors employé par une société appelée Lehman Brothers. Ce monsieur avait déclaré dans *The Wall Street Journal* que les événements auxquels nous avions assisté en août 2007 auraient dû se produire tous les dix mille ans. Et cela ne manqua pas : nous eûmes droit à trois événements de ce type pendant trois jours d'affilée. *The Wall Street Journal* publia sa photo ; en la regardant, on pouvait affirmer sans risque de se tromper qu'il n'avait pas l'air d'avoir dix mille ans. Alors, d'où sortait-il sa probabilité d'« une fois tous les dix mille ans » ? Certainement pas de son expérience personnelle ; certainement pas non plus des archives de Lehman Brothers – sa société n'existait pas depuis dix mille ans, et bien sûr elle ne survécut pas dix mille ans de plus puisqu'elle se cassa la figure immédiatement après notre débat. On sait donc qu'il tire ses petites probabilités d'une théorie. *Plus un événement est éloigné dans le temps, moins il est possible d'avoir des données empiriques (si l'on est assez généreux pour supposer que le futur ressemblera au passé), et plus on a besoin de s'en remettre à la théorie.*

Songez que l'observation empirique ne peut permettre d'estimer la fréquence des événements rares, précisément parce qu'ils *sont rares*. Nous avons donc besoin pour ce faire d'une représentation de modèles *a priori* ; plus un événement est rare, et plus l'erreur d'estimation à partir de méthodes inductives classiques (échantillonnage de la fréquence fondé sur les événements passés, par exemple) risque d'être importante et, en conséquence, plus la dépendance à une représentation *a priori* qui est extrapolée vers le domaine des événements à faible probabilité (lesquels, nécessairement, ne se rencontrent pas souvent) – plus cette dépendance est forte[1].

Mais même en dehors des petites probabilités le problème *a priori* est toujours présent. S'il semble particulièrement significatif par rapport aux événements rares, il imprègne la connaissance probabiliste. Je vais présenter deux versions sur lesquelles j'ai travaillé avec deux

---

1. N.d.T. : Le terme *a priori* que j'emploie ici ne fait pas référence à la même chose que lorsqu'on parle de croyance philosophique *a priori*, dans le sens où il s'agit d'un point de départ théorique, non d'une croyance indéfectible par l'expérience.

collaborateurs, Avital Pilpel, philosophe des sciences (il marche vite), et Raphaël Douady, mathématicien (il peut être bon marcheur quand il n'est pas trop occupé).

Épiménide le Crétois

Avital Pilpel et moi-même avons formulé l'argument de régression de la manière suivante, comme le problème épistémique de la gestion de risques, mais il peut être généralisé à n'importe quelle forme de connaissance probabiliste. C'est un problème d'*autoréférence* par les mesures de probabilité.

Nous pouvons l'exposer de la manière suivante. Si nous avons besoin à la fois de données pour obtenir une distribution des probabilités afin d'évaluer les connaissances sur le comportement futur de la distribution à partir de ses résultats passés, et d'une distribution des probabilités pour évaluer si les données sont suffisantes et si oui ou non elles permettent de prédire le futur, nous sommes alors confrontés à une grave boucle de régression. Il s'agit d'un problème d'autoréférence semblable à celui d'Épiménide le Crétois quand il essayait de déterminer si, oui ou non, les Crétois étaient menteurs. De fait, ce problème présente une proximité trop inconfortable avec la situation d'Épiménide, car une distribution des probabilités est utilisée pour estimer le degré de vérité, mais ne peut réfléchir sur son propre degré de vérité et de validité. Et, contrairement à nombre de problèmes d'autoréférence, ceux qui sont liés à l'estimation des risques ont de graves conséquences. Le problème est plus sérieux pour les petites probabilités.

Un théorème de l'indécidabilité

Ce problème philosophique d'autoréférence, publié avec A. Pilpel après *Le Cygne Noir*, passa inaperçu en tant que tel. Raphaël Douady et moi-même le reformulâmes donc mathématiquement, et il semble beaucoup plus dévastateur, dans ses implications pratiques, que le problème de Gödel.

Parmi tous les gens que je connais, Raphaël est probablement celui qui possède la plus grande culture mathématique – son érudition dans le domaine est sans doute plus importante que celle de quiconque à l'époque moderne, excepté peut-être de son père, le défunt Adrien Douady.

Au moment où j'écris ces lignes, nous avons peut-être produit une preuve formelle à l'aide des mathématiques et d'une branche des mathématiques appelée « théorie de la mesure » à laquelle les Français recoururent pour mettre un peu de rigueur derrière les mathématiques des probabilités. Le titre provisoire de l'article est : « L'indécidabilité : sur l'incohérence consistant à estimer des probabilités à partir d'un échantillon sans relier *a priori* ses suppositions à la catégorie des probabilités acceptables. »

Ce sont les conséquences qui importent

De plus, dans la vraie vie, nous nous moquons de la probabilité simple et crue (le fait qu'un événement se produit ou non) ; ce qui nous importe, ce sont les conséquences (l'ampleur de l'événement ; le nombre total de vies ou de richesses détruites ou autres pertes qui en résulteront ; l'importance du bénéfice qu'un événement favorable apportera). Étant donné que moins l'événement est fréquent, plus ses conséquences sont graves (songez simplement que la crue qui se produit tous les cent ans est plus grave, et moins fréquente, que celle qui a lieu tous les dix ans ; le *best-seller* de la décennie tire à plus d'exemplaires que celui de l'année), notre estimation de la *contribution* de l'événement rare va être lourde d'erreurs (la contribution correspond à la probabilité multipliée par l'effet ; multipliez cela par l'erreur d'estimation) ; et rien ne peut y remédier[2].

Ainsi, plus l'événement est rare, moins nous en savons sur son rôle – et plus nous avons besoin de compenser cette lacune par une théorie « extrapolative », généralisante, dont le manque de rigueur sera proportionnel à l'affirmation de la rareté de cet événement. En conséquence, l'erreur théorique et l'erreur de modèle sont plus importantes dans les queues de distribution ; et la bonne nouvelle, c'est que *certaines représentations sont plus fragiles que d'autres.*

J'ai montré que cette erreur était plus grave en Extrêmistan, où les événements rares sont plus importants, en raison de l'absence d'échelle ou de plafond asymptotique à la variable aléatoire. Par comparaison, l'effet collectif des événements ordinaires domine au Médiocristan, et les exceptions y sont plutôt sans importance – on connaît leur impact, et il est très modéré parce qu'on peut diversifier grâce à la « loi des grands nombres ». Permettez-moi de donner une autre illustration de l'Extrêmistan. Moins de 0,25 % du nombre total de sociétés listées dans le monde

---

2. Il est intéressant de constater que le célèbre article du révérend Bayes qui a conduit à ce que nous appelons l'« inférence bayésienne » ne nous donne pas de « probabilité » mais une attente (moyenne attendue). Les statisticiens ayant des difficultés avec ce concept, ils ont extrait la probabilité du bénéfice – hélas, car cela conduisit à la réification du concept de probabilité, les partisans de ce dernier ayant oublié que ce n'était pas un concept naturel.

représentent environ la moitié de la capitalisation du marché, un pourcentage moins qu'infime de romans sur cette planète constituent approximativement la moitié des ventes d'œuvres de fiction, un pourcentage de médicaments inférieur à 0,1 génère un peu plus de la moitié des ventes de l'industrie pharmaceutique – et un pourcentage inférieur à 0,1 d'événements à risques sera à l'origine d'au moins la moitié des préjudices et des pertes.

De la réalité à la représentation[3]

Permettez-moi d'adopter un autre point de vue. Le passage de la théorie au monde réel présente deux difficultés distinctes : les problèmes inverses et la pré-asymptote.

Problèmes inverses. Souvenez-vous à quel point il est beaucoup plus difficile de recréer un glaçon à partir d'une flaque (ingénierie inverse) que de prévoir la forme de la flaque. En fait, il n'y a pas qu'une seule et unique solution : le glaçon peut avoir de multiples formes. J'ai découvert que la méthode harvardienne à la soviétique de voir le monde (par opposition à celle de Gros Tony) nous faisait commettre l'erreur de confondre les deux flèches (du glaçon à la flaque ; de la flaque au glaçon). Penser que la forme platonique que l'on a à l'esprit est celle que l'on observe par la fenêtre est une autre manifestation de l'erreur de platonicité. Nous voyons quantité de preuves de confusion entre les deux flèches dans l'histoire de la médecine, la médecine rationaliste fondée sur la téléologie

---

3. Le lecteur intelligent qui comprend l'idée selon laquelle les événements rares ne sont pas calculables peut sauter le reste de ce paragraphe, qui est extrêmement technique. Son but est de convaincre ceux qui ont trop étudié pour être en mesure de voir les choses clairement.

artistotélicienne que j'ai abordée précédemment. Cette confusion est fondée sur la logique suivante. Nous supposons que nous connaissons la logique d'un organe, ce pour quoi il est fait, et que nous pouvons par conséquent nous servir de cette logique pour traiter le patient. Nous avons toujours eu beaucoup de mal, en médecine, à nous défaire de nos théories sur le corps humain. De même, il est facile de construire une théorie dans sa tête, ou de la pêcher à Harvard, puis d'aller la projeter sur le monde. Les choses sont alors très simples.

Le problème de cette confusion entre les deux flèches est très grave en ce qui concerne la probabilité, et particulièrement les petites probabilités[4].

---

4. Il s'agit ici d'un point extrêmement technique (à sauter). Le problème de la distribution inconnue ressemble à la difficulté de logique centrale de Bertrand Russell avec le problème de l'assertion « cette phrase est vraie » – une phrase ne pouvant contenir son propre prédicat de vérité. Il nous faut appliquer la solution de Tarski : pour chaque langue, une métalangue se chargera des prédicats, vrais et faux, concernant cette langue. Avec la probabilité, simplement, une métaprobabilité assigne des degrés de créance à chaque probabilité – ou, plus généralement, une distribution des probabilités nécessite d'être subordonnée à une distribution des méta-probabilités si l'on admet, par exemple, que la probabilité d'une distribution des probabilités ne soit pas la bonne. Mais par chance j'ai réussi à exprimer cela à l'aide des outils mathématiques disponibles. J'ai essayé dans le passé de résoudre ce problème de méta-distribution, dans mon livre *Dynamic Hedging* (1997). J'ai commencé à attribuer un taux d'erreur à la courbe de Gauss (en basant ma véritable distribution sur au moins deux courbes de Gauss, chacune dotée de paramètres différents), ce qui fait que des distributions imbriquées produisaient invariablement une catégorie ou une autre de l'Extrêmistan. Pour moi, la variance de la distribution représente au plan épistémologique une mesure du manque de connaissance de la moyenne ; il en découle que la variance de la variance représente, en termes épistémologiques, une mesure du manque de connaissance du manque de connaissance de la moyenne – et la variance des cartes de variance est analogue au quatrième moment de la distribution, et son

Comme nous l'avons montré avec le théorème de l'in-décidabilité et l'argument d'autoréférence, on ne ren-contre pas les distributions des probabilités dans la vraie vie ; on ne rencontre que des événements. Je peux donc reformuler les résultats comme suit : nous ne connaissons pas les propriétés statistiques – jusqu'à ce que le fait se soit produit, bien sûr. Étant donné un ensemble d'ob-servations, quantité de distributions statistiques peuvent correspondre exactement aux mêmes faits – chacune d'elle serait extrapolée différemment à l'extérieur de l'ensemble d'événements dont elle découle. Le problème inverse est plus grave quand un plus grand nombre de théories, de distributions, peuvent correspondre à un ensemble de données, particulièrement en présence de non-linéarités et de distributions non parcimonieuses[5]. En présence de non-linéarités, le nombre de familles de modèles et/ou de paramétrages possibles explose[6].

Cependant, le problème devient plus intéressant dans certains domaines. Souvenez-vous du problème de Diagoras, au chapitre 8 du *Cygne Noir*[7]. Pour les environnements

---

coefficient d'aplatissement, qui facilite l'expression mathématique de cette incertitude, démontre que : longues queues de distribution = manque de connaissance du manque de connaissance.

5. Une distribution gaussienne est parcimonieuse (avec seulement deux paramètres à appliquer). Néanmoins, le problème concernant l'ajout de couches de sauts possibles, chacun possédant une proba-bilité différente, ouvre des possibilités infinies de combinaisons de paramètres.

6. Un des commentaires les plus courants (mais inutiles) que j'en-tends est que certaines solutions peuvent venir de « statistiques solides ». Je me demande comment l'utilisation de ces techniques peut créer des informations là où il n'y en a aucune.

7. N.d.T. : N. N. Taleb formule ainsi le « problème de Diagoras », sur la base d'une histoire racontée par Cicéron, reprise par Montaigne : « On montra à un certain Diagoras, un athée, des tablettes peintes

enclins à générer des Cygnes Noirs négatifs, mais aucun Cygne Noir positif (ces environnements sont dits « orientés négativement »), le problème des petites probabilités est pire. Pourquoi ? Clairement, les événements catastrophiques seront nécessairement absents des données puisque la capacité de survie de la variable même dépendra de cet effet. Ces distributions feront donc que l'observateur sera enclin à surestimer la stabilité et à sous-estimer l'instabilité et le risque potentiels.

Ce point – selon lequel les choses ont tendance à paraître plus stables et moins risquées que dans le passé, nous réservant ainsi des surprises – doit être pris au sérieux, surtout dans le domaine médical. Quand on l'étudie de près, l'histoire des épidémies ne permet pas de soupçonner les risques de la gigantesque épidémie de peste à venir qui va régner sur la planète. En outre, je suis convaincu qu'en faisant ce que nous faisons à l'environnement, nous sous-estimons considérablement l'instabilité potentielle que nous connaîtrons dans un domaine ou un autre à cause de l'accumulation des préjudices que nous avons portés à la nature.

Une illustration de ce point nous est donnée en ce moment même. Alors que j'écris ces lignes, le marché boursier s'est révélé beaucoup, beaucoup plus risqué que des discours historiques exposant cent ans de données avaient incité d'innocents retraités à le croire. Il accuse

---

représentant des dévots qui avaient prié et survécu à un naufrage qui leur était arrivé ensuite. Sous-entendu : "Prier protège de la noyade." Diagoras demanda alors : "Où sont les portraits de ceux qui avaient prié et qui sont morts ?" » Et N. N. Taleb de conclure : « Le problème de Diagoras, c'est ce que les événements utilisent pour dissimuler leur caractère aléatoire, particulièrement l'aléatoire de type "Cygne Noir". » (*Op. cit.*, chap. 8, p. 145-147.)

une baisse de près de 23 % pour la décennie qui prendra fin en 2010, alors que des charlatans de la finance
avaient assuré aux retraités qu'une augmentation d'environ
75 % était attendue au cours de ce laps de temps. Cela
a entraîné la faillite de nombre de plans de pension (et
du plus grand constructeur automobile mondial), car ils
ont vraiment cru à cette histoire « empirique » – et bien
sûr cela a obligé quantité de déçus à différer leur retraite.
N'oubliez pas que nous sommes des dupes et que nous
gravitons toujours vers les variables qui sont instables
mais paraissent stables.

Le pré-asymptotique. Revenons à la platonicité en abordant le pré-asymptotique, c'est-à-dire ce qui se produit à
court terme. Si les théories sont, bien entendu, un mauvais point de départ, elles peuvent être encore pires dans
certains cas quand elles sont nées dans des situations
idéalisées, l'asymptote, mais sont employées en dehors
de cette dernière (sa limite, disons l'infinité ou l'infini-
tésimal). B. Mandelbrot et moi-même avons montré que
certaines propriétés asymptotiques fonctionnaient bien
de manière pré-asymptotique au Médiocristan, ce qui
explique pourquoi les casinos marchent bien ; c'est autre
chose en Extrêmistan.

La majeure partie de l'enseignement des statistiques
est fondée sur des propriétés asymptotiques, platoniques,
mais nous vivons dans le monde réel, lequel ressemble
rarement à l'asymptote. Les théoriciens des statistiques
le savent, ou affirment le savoir, mais pas votre utilisateur
de statistiques *lambda* qui parle de « preuves » dans les
articles qu'il écrit. De plus, cela aggrave ce que j'appelle
l'erreur ludique : ce que font la plupart des étudiants en
statistiques mathématiques, c'est prendre pour hypothèse
une structure similaire aux structures de jeux fermés, avec,

comme on pouvait s'y attendre, une probabilité connue *a priori*. Mais le problème auquel on est confronté n'est pas tant de faire des calculs une fois que l'on connaît les probabilités, mais de trouver la véritable distribution pour l'horizon concerné. Nombre de nos problèmes de connaissance proviennent de cette tension entre l'*a priori* et l'*a posteriori*.

Preuve vivante

Il n'existe pas de manière fiable de calculer les petites probabilités. J'ai exposé des arguments philosophiques quant à la difficulté de calculer les chances de survenue des événements rares. À l'aide de toutes les données économiques disponibles, ou presque – et j'ai recouru à des données économiques parce que c'étaient les seules fiables –, j'ai montré l'impossibilité de calculer *à partir de ces données* le degré d'éloignement par rapport à la courbe de Gauss. Il existe une mesure appelée coefficient d'aplatissement dont le lecteur n'a pas besoin de se soucier, mais qui représente « la longueur des queues de distribution », c'est-à-dire l'importance du rôle des événements rares. Eh bien, souvent, avec dix mille données, quarante années d'observation quotidienne, une seule et unique observation représente 90 % du coefficient d'aplatissement ! L'erreur d'échantillonnage est trop importante pour qu'on puisse se livrer à une quelconque déduction statistique sur le caractère gaussien ou non d'une chose, ce qui signifie que, si on manque un seul chiffre, on manque tout. L'instabilité du coefficient d'aplatissement implique qu'une certaine catégorie de mesures statistiques devrait être totalement interdite. Cela prouve que tout ce qui se fonde sur l'« écart type », la « variance », « la méthode des moindres carrés », etc. est bidon.

En outre, j'ai montré qu'il était impossible d'utiliser des fractales pour obtenir des probabilités d'une précision acceptable – tout simplement parce qu'un changement infime dans ce que j'appelle « l'exposant de traîne » au chapitre 16 du *Cygne Noir*, dû à une erreur d'observation, ferait changer les probabilités d'un facteur de 10, peut-être plus.

Implication : la nécessité d'éviter l'exposition à de petites probabilités dans certains domaines. Il est tout bonnement impossible de les calculer.

ERREUR DE LA PROBABILITÉ DE L'ÉVÉNEMENT UNIQUE

Souvenez-vous : au chapitre 10 du *Cygne Noir*, nous avons vu avec l'exemple de l'espérance de vie que l'espérance conditionnelle d'années de vie supplémentaires diminuait à mesure qu'une personne prenait de l'âge[8] (à mesure que vous vieillissez, on s'attend à ce que le nombre d'années qu'il vous reste à vivre soit plus limité ; cela vient du fait qu'il existe un plafond asymptotique « modéré » à l'âge que peut atteindre un être humain). Exprimée en unités d'écarts types, l'espérance conditionnelle d'une variable gaussienne médiocristanaise, à condition d'être supérieure à un seuil de 0, est de .8 (écarts types). Si elle est supérieure à un seuil de 1, elle sera de 1,52. Si elle est supérieure à 2, elle sera de 2,37. Comme on le voit, les deux nombres devraient converger à mesure que les écarts deviennent importants, de sorte que, si une variable aléatoire est conditionnelle au fait d'être supérieure à dix

---

8. N.d.T. : Voir la section intitulée « Le caractère des erreurs de prévision » (*op. cit.*, chap. 10, p. 216).

écarts types, on s'attendra à ce qu'elle soit simplement de 10.

En Extrêmistan, les choses fonctionnent différemment. L'espérance conditionnelle de l'augmentation d'une variable aléatoire ne converge pas vers le seuil à mesure que celle-ci augmente. Dans le monde réel, avec, disons, des rendements du capital (et toutes les variables économiques) conditionnels à une perte plus importante que 5 unités, quelle que soit l'unité de mesure utilisée (cela ne fait pas grande différence), elle sera d'environ 8 unités. Si une évolution est supérieure à 50 unités, elle devrait être d'environ 80 unités, et, si l'on continue jusqu'à ce que l'échantillon soit épuisé, l'évolution moyenne plus importante que 100 unités est 250 unités ! Cela s'étend à tous les domaines dans lesquels j'ai trouvé des échantillons suffisants. Cela nous apprend qu'il n'existe « pas » d'échec type, et « pas » de réussite type. On peut être capable de prédire qu'une guerre va se produire, mais non d'estimer son impact ! Si un conflit fait plus de cinq millions de morts, il devrait en faire autour de dix millions (ou plus). S'il fait plus de cinq cents millions de morts, il devrait en faire un milliard (ou plus, on ne sait pas). On peut prédire à raison qu'une personne compétente deviendra « riche », mais, si elle y parvient, sa fortune pourra atteindre un million, dix millions, un milliard, dix milliards de dollars – il n'y a pas de nombre typique. Nous disposons, par exemple, de données permettant de prévoir les ventes de médicaments, à condition de disposer de données justes. Les estimations des ventes sont totalement déconnectées des ventes effectives – certains médicaments dont on avait prédit à raison qu'ils se vendraient bien ont vu leurs ventes sous-estimées de vingt-deux fois.

L'absence d'événements « typique » en Extrêmistan est ce qui fait le ridicule de ce qu'on appelle les marchés prévisionnels (où les gens sont censés parier sur les événements), car ils considèrent les événements comme binaires. La notion de guerre en elle-même n'a pas de sens : il faut estimer les dégâts de cette dernière – et il n'y a pas de dégât type. Si nombre de gens avaient prédit que la Première Guerre mondiale aurait lieu, personne n'avait réellement prévu son ampleur. Une des raisons pour lesquelles l'économie ne fonctionne pas est que la littérature est presque complètement aveugle à cela.

En conséquence, la méthodologie employée par N. Ferguson (mentionnée au chapitre 1 du *Cygne Noir*[9]) pour étudier la prévision des événements en se fondant sur l'observation du prix des titres impériaux de guerre est plus solide qu'un simple recensement des prévisions, parce que le prix d'un titre, qui reflète ce qu'un conflit coûte aux gouvernements qui se sont engagés dedans, est fixé de manière à couvrir la probabilité d'un événement multiplié par ses conséquences, et pas simplement la probabilité d'un événement.

---

9. N.d.T. : L'historien Niall Ferguson a montré qu'en dépit de tous les récits officiels racontant comment on s'était acheminé vers la Grande Guerre et évoquant la « montée des tensions » et l'« intensification de la crise » le conflit fit l'effet d'une surprise. Ce n'est que rétrospectivement que les historiens, en se penchant sur le passé, le considérèrent comme inévitable. Pour étayer sa position, N. Ferguson recourt à un argument empirique habile : il observe le prix des titres impériaux, qui inclut normalement les expectations des investisseurs concernant les besoins financiers du gouvernement et la diminution de l'attente d'un conflit potentiel, puisque les guerres entraînent de graves déficits. Or, le prix de ces titres ne reflétait pas une telle attente. Notez que cette analyse montre aussi que l'étude des prix peut permettre de bien comprendre l'histoire.

Il est donc préférable de ne pas se focaliser sur le fait de savoir si quelqu'un « avait prédit » un événement sans que cette prédiction ne soit suivie de conséquences.

Une erreur liée à la précédente consiste à penser que mon message est le suivant : les Cygnes Noirs sont nécessairement plus probables que ne le supposent les méthodes traditionnelles. Ils sont pour la plupart *moins* probables, mais leurs effets sont plus importants. Songez que, dans un environnement de type « le gagnant rafle tout », comme celui de l'art, les chances de succès sont faibles puisqu'il y a moins de gens qui y parviennent, mais les bénéfices sont d'une importance disproportionnée. Ainsi, dans un environnement de type « longue queue de distribution », les événements rares sont peut-être moins fréquents (leur probabilité est plus faible), mais leur impact est tellement puissant qu'ils participent de manière plus substantielle à l'ensemble de la situation.

Bien que simple au plan mathématique, ce fait n'est pas facile à intégrer. Je me suis amusé à donner à des étudiants licenciés en mathématiques le jeu de questions-réponses suivant (à résoudre intuitivement, sur-le-champ). Dans un monde gaussien, la probabilité d'excéder un écart type est d'environ 16 %. Quelles sont les chances de le dépasser dans un contexte de queues de distribution plus longues (avec la même moyenne et la même variance) ? La bonne réponse : ces chances sont plus faibles, et non plus élevées – le nombre d'écarts chute, mais ceux, rares, qui se produisent, ont plus d'importance. J'ai constaté avec perplexité que la plupart de ces étudiants s'étaient trompés.

Revenons au *stress-testing* ; alors que j'écris ces lignes, le gouvernement américain fait subir aux institutions financières des simulations de catastrophes financières en prenant pour postulat des écarts importants et en vérifiant les résultats par rapport à la capitalisation de ces sociétés.

Mais la question est « Où sont-ils allés puiser leurs chiffres ? » Dans le passé ? C'est une telle source d'erreur ! De fait, comme nous l'avons vu, en Extrêmistan, le passé ne renseigne absolument pas sur les écarts futurs – et cela en raison de l'atypisme des écarts extrêmes. Selon mon expérience, le *stress-testing* en dit très peu sur les risques – mais ceux-ci peuvent servir à estimer le degré d'erreur de modèle.

Psychologie de la perception des écarts

Fragilité des intuitions sur le caractère typique de l'évolution. Dan Goldstein et moi-même avons conduit une série d'expériences qui portent sur les intuitions relatives à ce genre d'espérances conditionnelles. Nous avons posé des questions du type suivant : Quelle est la taille moyenne des êtres humains qui mesurent plus d'un mètre quatre-vingt ? Quel est le poids moyen des personnes qui pèsent plus de cent quinze kilos ? Nous avons essayé avec toute une myriade de variables du Médiocristan, dont les taille et poids mentionnés ci-dessus, auxquelles nous avons ajouté l'âge, et nous avons demandé aux participants de deviner des variables de nature extrêmistanaise, telles que capitalisation du marché (quelle est la taille moyenne des entreprises dont la capitalisation excède cinq milliards de dollars ?) et évolution des actions. Les résultats montrent que nos intuitions sont incontestablement bonnes quand il s'agit du Médiocristan, mais terriblement mauvaises quand il s'agit de l'Extrêmistan – or, la vie économique est presque exclusivement extrêmistanaise. Nous n'avons pas de bonnes intuitions concernant cet atypisme des écarts élevés. Cela explique à la fois les prises de risques inconsidérés et la manière dont les gens peuvent sous-estimer les opportunités.

Formulation des risques. Les déclarations équivalentes au plan mathématique, que j'ai montrées précédemment avec mon exemple des taux de survie, ne le sont pas au plan psychologique. Pire encore, même les professionnels se font berner et fondent leurs décisions sur leurs erreurs de perception. Nos recherches montrent que la manière dont un risque est formulé influence vivement la compréhension que les gens en ont. Si vous dites qu'en moyenne les investisseurs perdront tout leur argent tous les trente ans, il y a plus de chances qu'ils investissent que si vous leur dites qu'ils ont 3,3 % de risques de perdre chaque année une certaine somme d'argent.

La même chose vaut pour les trajets en avion. Nous avons posé la question suivante à des participants à une expérience : « Vous êtes en vacances dans un pays étranger et envisagez de voyager avec une compagnie aérienne locale pour découvrir une île en particulier. Des statistiques fiables montrent qu'en volant une fois par an avec cette compagnie il y aura en moyenne un accident tous les mille ans. Si vous n'effectuez pas ce trajet, il y a peu de chances que vous ayez l'occasion de revisiter cette partie du monde. Allez-vous prendre ce vol ? » Toutes les personnes interrogées ont répondu par l'affirmative. Mais quand nous avons changé la deuxième phrase en : « Des statistiques fiables montrent qu'un vol sur mille en moyenne avec cette compagnie s'est soldé par un accident », seuls 70 % des participants ont répondu qu'ils le feraient quand même. Or, dans les deux cas, le risque d'accident est de un sur mille ; la seconde formulation donne tout simplement le sentiment que le risque est plus grand.

LE PROBLÈME DE L'INDUCTION ET DE LA CAUSATION DANS LE
DOMAINE COMPLEXE

Qu'est-ce que la complexité ?

Je simplifierai ici avec une définition fonctionnelle de
la complexité – entre autres beaucoup plus complètes. Un
domaine complexe se caractérise par la chose suivante :
il existe un degré considérable d'interdépendance entre
ses éléments, à la fois temporelle (une variable dépend
de ses changements passés), horizontale (les variables
dépendent l'une de l'autre) et diagonale (la variable A
dépend de l'histoire passée de la variable B). Conséquence
de cette interdépendance, les mécanismes sont soumis
à des boucles de retour d'informations positives qui ont
un effet de renforcement et engendrent des queues de
distribution épaisses. C'est-à-dire qu'elles empêchent
le fonctionnement du Théorème de la Limite Centrale
qui, ainsi que nous l'avons vu au chapitre 15 du *Cygne
Noir*, établit des queues de distribution médiocrista-
naises minces dans un contexte d'addition et d'agréga-
tion d'éléments, et entraîne une « convergence vers le
gaussien ». Pour le dire simplement, les évolutions sont
exacerbées au fil du temps au lieu d'être atténuées par
des forces qui viendraient les compenser. Au final, on a
des non-linéarités qui accentuent les queues de distribution épaisses.

Qui dit « complexité » dit donc « Extrêmistan ». (L'inverse
n'est pas nécessairement vrai.)

En tant que chercheur, je me suis concentré uniquement
sur la composante extrêmistanaise de la théorie de la complexité, en ne prenant en compte les autres éléments que
pour étayer mes considérations sur l'imprédictabilité. Mais

la complexité a d'autres conséquences pour les analyses conventionnelles, et pour la causation.

L'induction

Examinons de nouveau, sous un certain angle, le problème de l'« induction ». Dans un environnement moderne, il dépasse légèrement le stade de l'archaïque, aggravant ainsi le problème du Cygne Noir. Simplement, dans un domaine complexe, le débat « induction *versus* déduction » devient trop marginal au regard des problèmes réels (à l'exception d'un sous-ensemble limité de variables, et encore). Toute la distinction aristotélicienne passe à côté d'une dimension importante (similaire à celle que nous avons abordée précédemment concernant l'atypisme des événements en Extrêmistan). Même d'autres notions comme la « cause » prennent un autre sens, surtout en présence de la causalité et de l'interdépendance circulaires[10]. L'équivalent probabiliste est le passage d'un modèle traditionnel de marche aléatoire (avec une variable aléatoire évoluant sur un terrain déterminé et n'interagissant pas avec les variables qui l'entourent) à des modèles de percolation (où le terrain lui-même est stochastique, avec des variables différentes agissant l'une sur l'autre).

---

10. Une conséquence de l'absence de « typicalité » pour un événement sur la causalité est la suivante : mettons qu'un événement cause une « guerre ». Comme nous l'avons vu, cette guerre restera malgré tout indéfinie puisqu'elle peut tuer trois personnes ou un milliard. Ainsi, même dans les situations où il nous est possible d'identifier la cause et l'effet, nous en saurons peu puisque l'effet restera atypique. J'ai eu énormément de mal à expliquer cela aux historiens (à l'exception de Niall Ferguson) et aux spécialistes des sciences politiques (à l'exception de Jon Elster). Veuillez s'il vous plaît expliquer (très poliment) ce point à votre professeur d'études sur le Proche et le Moyen-Orient.

Conduire le car de ramassage scolaire les yeux bandés

Hélas, à l'heure où j'écris ce livre, l'*establishment* économique est toujours dans l'ignorance de la présence de la complexité, ce qui porte préjudice à la prédictabilité. Je ne pousserai pas trop loin mon indignation – au lieu d'entamer une seconde traversée du désert, Mark Spitznagel et moi-même sommes en train de concevoir un autre programme de gestion des risques pour aguerrir les portefeuilles contre l'erreur de modèle – erreur provenant essentiellement de celle du gouvernement en matière de projection des déficits, laquelle conduit à des emprunts excessifs et à une hyperinflation potentielle.

J'assistais un jour au Forum économique mondial de Davos ; dans une de mes conférences, j'illustrai l'inter-dépendance dans un système complexe et la dégradation des prévisions par la situation (imaginaire) suivante : le chômage déclenché à New York par les pertes boursières à Wall Street, entraînant par effet de cascade du chômage en Chine, par exemple, lequel provoque en retour du chômage à New York, est impossible à analyser de manière analytique, parce que les boucles de retour d'informations ont produit des erreurs d'estimation monstrueuses. J'employai la notion de « convexité », réaction non linéaire disproportionnée découlant des données entrées (les outils de mesure des taux d'erreur n'étant pas fiables dans un contexte de convexité). Stanley Fisher, le directeur de la banque centrale d'Israël, ancien gros bonnet du FMI, co-auteur d'un manuel de macro-économie classique, vint me parler à la fin de la conférence et critiqua mon point de vue sur le fait que ces boucles de retour d'informations étaient cause d'imprédictabilité. Il m'expliqua que l'on disposait de matrices d'entrée-sortie des données qui étaient performantes pour le calcul de ces retours, et il cita des travaux récompensés par le Nobel d'économie. L'économiste en question était un certain Vassili Leontieff, je suppose. Je le regardai avec l'air de dire : « Il est arrogant mais n'en sait pas assez pour comprendre qu'il n'a même pas tort » (inutile de préciser que S. Fisher a fait partie de ceux qui n'avaient pas vu venir la crise). Il fut difficile de lui faire passer le message que, même si les méthodes de l'économétrie parviennent à suivre les effets des boucles de retour d'informations en temps normal (évidemment, puisque les erreurs sont minimes), ces modèles ne disent rien des perturbations importantes. Et je le répète encore : en Extrêmistan, les perturbations importantes sont tout.

Le problème est que, si j'ai raison, il faudrait supprimer le manuel de S. Fisher et ceux de ses collègues, ainsi que pratiquement toute méthode prévisionnelle utilisant des équations mathématiques.

J'ai essayé d'expliquer les problèmes d'erreurs de politique monétaire dans un contexte de non-linéarités : on continue à ajouter de l'argent sans résultat… jusqu'à ce qu'il y ait hyperinflation. Ou rien. On ne devrait pas mettre entre les mains des gouvernements des jouets qu'ils ne comprennent pas.

CHAPITRE 6

Le quatrième quadrant, la solution à ce problème utile entre tous[1]

Aristote marchait-il lentement ? – Suivront-ils les principes ? – Comment créer une pyramide de Ponzi et en tirer une reconnaissance

Il est beaucoup plus intelligent de prendre des risques que l'on peut mesurer que de mesurer les risques que l'on prend.

Il y a un endroit précis sur la carte, le quatrième quadrant, dans lequel le problème de l'induction, les chausse-trapes de l'empirisme se font jour – l'endroit où, je le répète, « absence de preuves » n'équivaut pas à « preuves de

---

1. Ceux qui ne travaillent pas dans les sciences sociales, les affaires, ou, pire encore, la politique publique, devraient sauter ce chapitre. Le chapitre 7 sera moins terre à terre.

l'absence ». Ce chapitre va nous permettre de fonder nos décisions sur des bases épistémologiques plus solides.

QUE DAVID FREEDMAN REPOSE EN PAIX

Il me faut tout d'abord rendre hommage à une personne à laquelle la connaissance est largement redevable. Feu David Freedman, statisticien à Berkeley, qui dévoila peut-être mieux que personne les lacunes de la connaissance statistique et l'inapplicabilité de certaines de ses méthodes, m'a envoyé un cadeau d'adieu. Il aurait dû assister à la réunion de l'Association américaine de statistiques que j'ai mentionnée précédemment, mais la maladie l'a contraint à annuler. Il m'avait cependant préparé à la réunion, me faisant passer un message qui changea le cours de l'idée de Cygne Noir : ils vous présenteront un ensemble d'arguments bien précis qui servent leurs propres intérêts et vous devrez y répondre. Ces arguments étaient listés dans son livre dans un chapitre intitulé : « La réponse des modeleurs ». En voici la liste presque exhaustive :

La réponse des modeleurs : Nous savons tout cela. Rien n'est parfait. Les hypothèses sont raisonnables. Les hypothèses n'ont pas d'importance. Les hypothèses sont conservatrices. Vous ne pouvez pas prouver que les hypothèses sont fausses. Nous ne faisons que ce que tout le monde fait. Le décisionnaire doit mieux se porter avec nous que sans nous. Les modèles ne sont pas complètement inutiles. On doit faire du mieux qu'on peut avec les données. On doit faire des hypothèses pour évoluer. On doit donner aux modèles le bénéfice du doute. Où est le mal ?

Cela me donna l'idée de recourir à l'approche « Voici les points pour lesquels vos outils fonctionnent » au lieu de celle que j'utilisais habituellement, c'est-à-dire « Vous avez tort ». C'est ce changement de style qui me valut les accolades, l'abreuvement de Diet Coke, et qui m'aida à faire passer mon message. Les commentaires de David m'incitèrent également à me concentrer davantage sur l'iatrogénie, c'est-à-dire le préjudice causé par le besoin d'utiliser des modèles quantitatifs.

David Freedman décéda quelques semaines après la réunion[2]. Merci, David. Vous avez été là quand le Cygne Noir avait besoin de vous. Puissiez-vous, ainsi que votre mémoire, reposer en paix.

… Ce qui nous amène à la solution. Malgré toute cette indécidabilité, la situation n'est pas désastreuse du tout. Pourquoi ? Il nous suffit d'établir une carte des lieux où ces erreurs sont plus graves, de ce dont il faut se méfier.

Décisions

Quand on regarde le générateur d'événements, on peut dire *a priori* quel environnement est susceptible de générer des événements importants (l'Extrêmistan) et quel environnement ne l'est pas (Médiocristan). C'est la seule hypothèse *a priori* qu'il nous est nécessaire de faire – la seule.

---

2. En partant, David me fit un second cadeau surprise – le plus beau que l'on m'ait fait pendant ma traversée du désert : dans un article posthume, il écrivit que « les efforts des statisticiens pour réfuter Taleb ne [s'avéraient] pas convaincants », une seule phrase qui inversait la vapeur et annulait des centaines de pages d'attaques en majorité *ad hominem* puisqu'elle mettait en garde le lecteur contre le fait qu'il n'y avait pas de réfutation, que les critiques n'avaient aucune substance. Il suffit d'une seule phrase comme celle-là pour remettre le message à sa place.

Alors, voilà.

1. Le premier type de décision est simple et conduit à une exposition « binaire » : c'est-à-dire que, ce qui nous importe, c'est uniquement de savoir si une chose est vraie ou fausse. Le fait qu'elle soit très vraie ou très fausse ne vous apporte pas de bénéfices ou de préjudices supplémentaires. Les expositions binaires ne dépendent pas d'événements à impact élevé, car leurs bénéfices sont limités. Comme une femme est soit enceinte soit pas enceinte, si elle était « extrêmement enceinte », le bénéfice serait le même que si elle était « légèrement enceinte ». Une déclaration est « vraie » ou « fausse » avec un certain intervalle de confiance (j'appelle ces expositions M0, car, plus techniquement, elles dépendent de ce que l'on appelle le zéroième moment, c'est-à-dire de la probabilité des événements, et non de leur ampleur – la seule chose qui importe, c'est la probabilité « pure et dure »/« brute »). Une expérience biologique en laboratoire ou un pari avec un ami sur l'issue d'un match de foot font partie de cette catégorie.

   Il est clair que les issues binaires ne prédominent pas tellement dans la vie ; elles existent surtout dans les expériences de laboratoire et dans les articles de recherche. Dans la vie, les bénéfices sont généralement indéterminés, ou du moins variables.

2. Le deuxième type de décision est plus complexe et s'accompagne de risques plus indéterminés. Ce qui importe, ce n'est pas seulement la fréquence ou la probabilité, mais également l'impact, ou, encore plus complexe, une certaine fonction de l'impact. Il existe donc une autre couche d'incertitude de l'impact. Une épidémie ou une guerre peut être bénigne ou grave. Quand on investit, on ne se soucie pas du nombre

de fois où l'on gagne et où l'on perd, on se soucie du cumulatif, de l'espérance : du nombre de fois où l'on gagne ou perd multiplié par la somme gagnée ou perdue. Il existe des décisions encore plus complexes (quand on est endetté, par exemple), mais je n'en parlerai pas ici.

Ce qui importe, ce sont également :

A. Les générateurs d'événements qui appartiennent au Médiocristan (c'est-à-dire qu'il est quasiment impossible que des écarts très importants se produisent), une hypothèse *a priori*.

B. Les générateurs d'événements qui appartiennent à l'Extrêmistan (c'est-à-dire qu'il est possible, ou même probable, que des écarts très importants se produisent).

Ce qui constitue les quatre quadrants de la carte.

LE QUATRIÈME QUADRANT : CARTE

Premier quadrant

Bénéfices binaires simples, au Médiocristan : la prévision est fiable, la vie est facile, les modèles fonctionnent, tout le monde devrait être heureux. Malheureusement, ces situations sont plus courantes dans les laboratoires et les jeux que dans la vraie vie. Elles contribuent rarement aux bénéfices qui découlent de la prise de décision économique. Exemples : certaines décisions médicales (concernant un seul patient, non une population entière), les paris de casino, les marchés prévisionnels.

Tableau n°1 : Tableau des décisions en fonction des bénéfices

M0	M1
« Vrai/Faux »	Espérances
Résultats médicaux pour une seule personne (santé, pas épidémie)	Épidémie (nombre de personnes contaminées)
Expériences psychologiques (réponses par oui/non)	Réussite intellectuelle et artistique (définie en termes de ventes de livres, citations, etc.)
Vie/mort (pour une seule personne, non pour *n* personnes)	Effets climatiques (n'importe quelle mesure quantitative)
Paris symétriques à la roulette	Dégâts causés par la guerre (nombre de victimes)
Marchés prévisionnels	Sécurité, terrorisme, catastrophes naturelles (nombre de victimes) Gestion générale des risques Finance : performances d'un investissement sans emprunt Assurance (mesures des pertes attendues) Économie (politique) Casinos

Deuxième quadrant

Expositions complexes au Médiocristan : les méthodes statistiques peuvent fonctionner de manière satisfaisante, mais il existe certains risques. Bien sûr, l'utilisation de modèles médiocristanais n'est peut-être pas la panacée, à cause de la pré-asymptote, du manque d'indépendance et de l'erreur de modèle. Ceux-ci posent de réels problèmes, mais ils ont été traités de manière exhaustive dans la littérature, surtout par David Freedman.

Troisième quadrant

Expositions simples en Extrêmistan : se tromper n'est pas très préjudiciable, car la possibilité d'événements extrêmes n'a pas de répercussion sur les bénéfices. Ne vous inquiétez pas trop des Cygnes Noirs.

Quatrième quadrant, le domaine des Cygnes Noirs

Expositions complexes en Extrêmistan : c'est là que réside le problème ; il y a également des opportunités. Il faut éviter les prédictions de bénéfices et risques simples éloignés, mais pas nécessairement de bénéfices ordinaires. Les bénéfices des parties éloignées de la distribution sont plus difficiles à prévoir que ceux des parties plus proches[3].

---

3. Il s'agit d'un véritable *a priori* philosophique ; en effet, quand on suppose que des événements sont de nature extrêmistanaise (en raison de leur manque de structure par rapport au hasard), aucune observation empirique supplémentaire ne peut nous faire changer d'avis puisque la caractéristique de l'Extrêmistan est de dissimuler la possibilité d'événements de type « Cygne Noir » – ce que j'ai appelé auparavant le problème de la mascarade.

En fait, le Quatrième quadrant comprend deux parties : expositions aux Cygnes Noirs positifs et expositions aux Cygnes Noirs négatifs. Je me concentrerai ici sur la partie négative (l'exploitation de la partie positive coule par trop de source et a été abordée à travers l'histoire du peintre Apelle dans le chapitre 13 du *Cygne Noir*)[4].

Tableau n° 2 : Les quatre quadrants

	I Expositions simples	II Expositions complexes
A Médiocristan	Premier quadrant *Extrêmement sûr*	Deuxième quadrant *(Assez) sûr*
B Extrêmistan	Troisième quadrant *Sûr*	Quatrième quadrant *Domaine du Cygne Noir*

La recommandation est de passer du quatrième au troisième quadrant. Il n'est pas possible de modifier la

---

4. N.d.T. : Rappelons que la stratégie d'Apelle consiste à essayer de profiter de l'accumulation d'accidents positifs dus à une exposition maximale aux « bons Cygnes Noirs ».

distribution ; il l'est en revanche de modifier l'exposant, comme nous allons le voir dans la section suivante.

Ce que je peux dire rapidement du quatrième quadrant, c'est que c'est là que devrait se concentrer tout le scepticisme associé au problème du Cygne Noir. Il y a un principe général : alors que dans les trois premiers quadrants il est possible d'utiliser *le meilleur* modèle ou *la meilleure* théorie que l'on puisse trouver, et de s'y fier, il est dangereux de faire de même dans le quatrième : aucun modèle et aucune théorie ne devraient être meilleurs que n'importe quel modèle ou n'importe quelle théorie.

En d'autres termes, le quatrième quadrant est *le lieu où la différence entre absence de preuve et preuve d'absence devient patente.*

Voyons maintenant comment on peut sortir du quatrième quadrant ou atténuer ses effets.

CHAPITRE 7

Que faire
avec le quatrième quadrant ?

Ne pas utiliser la mauvaise carte : la notion de iatrogénie

Ainsi, pour le moment, je peux créer des règles de *phronesis* (au sens aristotélicien du concept de *phronesis*, c'est-à-dire une sagesse permettant de prendre des décisions). Peut-être l'histoire de ma vie se trouve-t-elle dans le dilemme suivant. Pour paraphraser Danny Kahneman, certaines personnes, si elles sont perdues dans les Alpes, préféreront par confort psychologique recourir à une carte des Pyrénées plutôt qu'à rien du tout. Même si ce n'est pas explicite, elles font en fait pire que cela quand il s'agit du futur et qu'elles ont recours à des mesures de risques. Elles préfèrent une prévision erronée plutôt que rien du tout. C'est pourquoi fournir une mesure probabiliste à un pigeon parvient à merveille à lui faire prendre plus de risques. Je projetais d'effectuer un test avec Dan Goldstein (dans le cadre de nos programmes de recherche générale destinés à comprendre les intuitions des êtres humains en Extrêmistan). Danny (compagnon de marche formidable, même s'il ne sait pas *flâner*[1]) insista sur le fait qu'il n'était pas nécessaire de réaliser nos propres expériences. Il existe pléthore de recherches sur l'ancrage qui démontrent qu'il est nocif de donner à quelqu'un une évaluation chiffrée des risques erronée. De nombreuses expériences apportent la preuve que les professionnels sont sensiblement influencés par des chiffres qu'ils savent ne pas avoir de pertinence par rapport à leur décision – par exemple, quand ils écrivent les quatre derniers chiffres de leur numéro de sécurité sociale avant d'effectuer une estimation numérique des mouvements de marché potentiels. Les juges allemands – des gens très respectables – qui jetaient des dés avant de rendre leur jugement infligeaient des peines deux fois plus longues quand les dés indiquaient un nombre élevé – ce, sans en avoir conscience.

Conseils négatifs

Simplement, n'allez pas vous mettre dans le quatrième quadrant, le Domaine du Cygne Noir. Mais il est difficile de tenir compte de ce conseil judicieux.

Les psychologues font la distinction entre actes de commission (ce que nous faisons) et actes d'omission. Bien que du point de vue économique ces deux types d'actes soient équivalents pour le bilan (un dollar qui n'est pas perdu est un dollar gagné), notre esprit ne va pas les traiter de la même manière. Cependant, comme je l'ai dit, les recommandations du style « Ne faites pas » sont plus

---

1. N.d.T. : En français dans le texte original.

solides au plan empirique. Comment vivre longtemps ? En évitant la mort. Mais les gens ne se rendent pas compte que la réussite consiste essentiellement à éviter les pertes, non à tenter de réaliser des bénéfices.

Les conseils positifs sont généralement l'affaire des charlatans. Les librairies sont remplies de livres expliquant comment réussir ; il n'y a pratiquement aucun ouvrage intitulé « Ce que ma faillite m'a appris », ou « Dix erreurs à éviter dans la vie ».

Ce besoin de conseils positifs est lié au fait que *nous préférons faire quelque chose plutôt que rien*, même dans les cas où cela peut être dangereux.

Dernièrement, je suis passé à la télé, et un représentant de l'espèce « costume vide[2] » n'a cessé de m'asticoter pour que je donne des conseils précis sur la manière de sortir de la crise. Il m'a été impossible de faire entendre mes conseils sur « ce qu'il ne faut pas faire », ou de faire remarquer que mon domaine concernait le fait d'éviter les erreurs, non la chirurgie des urgences, et que ce pouvait être une discipline indépendante, tout aussi valable. De fait, j'ai passé douze ans à essayer d'expliquer que dans bien des cas il était préférable – et plus sage – de ne pas avoir de modèle plutôt que les élucubrations mathématiques dont nous disposions.

---

2. N.d.T. : N. N. Taleb définit ainsi le problème du costume vide (ou « problème de l'expert ») : « Certains professionnels ne possèdent pas d'aptitudes qui les différencient par rapport au reste de la population, mais pour une raison inconnue, et malgré les résultats qu'ils obtiennent, ils passent pour des experts : psychologues cliniciens, psychologues, universitaires en économie, "experts" du risque, statisticiens, analystes politiques, "experts" financiers, analystes militaires, directeurs généraux, etc. Ils traduisent leur expertise par de belles paroles, un jargon, des mathématiques, et portent souvent des costumes chers ». (*Op. cit.*, Glossaire, p. 392.)

Malheureusement, ce manque de rigueur est omniprésent dans un domaine où nous nous attendons le moins à le rencontrer : la science institutionnelle. La science, particulièrement dans sa version académique, n'a jamais aimé les résultats négatifs, et encore moins faire état de ses propres limites et communiquer sur ce sujet. Le système de récompense n'est pas adapté à cela. On se fait respecter en pratiquant le funambulisme ou les sports populaires – en suivant les étapes qui permettent de devenir « l'Einstein de l'économie » ou « le prochain Darwin », au lieu de proposer à la société quelque chose de réel en déboulonnant les mythes ou en recensant les endroits où finit notre connaissance.

Permettez-moi de revenir à la limite de Gödel. Il y a des cas où nous acceptons les limites de la connaissance, en claironnant sur tous les toits la limite mathématique « révolutionnaire » de Gödel, par exemple, parce que sa formulation est élégante et qu'elle témoigne d'un extraordinaire brio mathématique – mais l'importance de cette limite est éclipsée par nos limites pratiques dans la prévision des changements climatiques, des crises, des tourmentes sociales, ou du devenir des fonds de dotation qui financeront les recherches destinées à découvrir de futures limites, aussi « élégantes » que celle de Gödel. C'est pourquoi j'affirme que ma solution du quatrième quadrant est la plus appliquée de ces limites.

L'iatrogénie et l'étiquette du nihilisme

Prenons la médecine (cette sœur de la philosophie), qui commença à sauver des vies il y a seulement moins d'un siècle (et je suis généreux), et dans une moindre mesure que la littérature populaire, dans un souci de promotion, ne le fit croire à l'origine, les baisses du taux de mortalité semblant provenir beaucoup plus d'une conscience de l'hygiène et de la découverte (aléatoire) des antibiotiques que de contributions thérapeutiques. Mus par une abominable illusion de contrôle, les médecins passèrent beaucoup de temps à tuer les patients, sans penser que « ne rien faire » pouvait être une option valide (c'était « nihiliste ») – et les recherches accumulées par Spyros Makridakis montrent que c'est toujours le cas, dans une certaine mesure, particulièrement dans le sur-diagnostic de certaines maladies.

Le qualificatif de nihilisme a toujours été employé dans le but de nuire. Jusqu'aux années 1960, les praticiens qui étaient conservateurs et envisageaient la possibilité de laisser la nature faire son travail, ou qui faisaient état des limites de notre compréhension dans le domaine médical – ces praticiens se voyaient accusés de « nihilisme thérapeutique ». On estimait « non scientifique » d'éviter de se lancer dans un plan d'action fondé sur une connaissance incomplète du corps humain – de dire « Voici la limite ; voici le point où s'arrête ce que je sais. » Cet argument a été utilisé contre l'auteur de ce livre par des escrocs intellectuels qui essayaient de vendre leurs produits.

Le terme même de iatrogénie, c'est-à-dire l'étude du mal causé par le soignant, n'est pas répandu – je ne l'ai jamais rencontré en dehors de la médecine. Bien qu'ayant été obsédé toute ma vie par ce qu'on appelle l'erreur de type 1, ou le faux positif, je n'ai eu connaissance que très récemment du concept de mal iatrogénique, grâce à une discussion avec l'essayiste Bryan Appleyard. Comment une idée aussi capitale peut-elle demeurer cachée à notre conscience ? Même en médecine – je veux dire, en médecine moderne –, le concept antique « Ne fais pas de mal » est apparu très tardivement – et très discrètement. Le philosophe des sciences Georges Canguilhem s'est demandé pourquoi nous avions dû attendre les années 1950 pour avoir cette idée. Comment des professionnels peuvent-ils faire du mal pendant aussi longtemps au nom de la connaissance et s'en tirer à bon compte ? Voilà qui reste pour moi un mystère.

Malheureusement, des recherches plus poussées montrent que cette iatrogénie était une simple redécouverte, les Lumières ayant rendu la science trop arrogante. Une fois de plus, hélas, les Anciens savaient mieux que nous – les Grecs, les Romains, les Byzantins et les Arabes avaient un respect inné pour les limites de la connaissance. Un traité du philosophe et médecin arabe du Moyen Âge Al-Ruhawi témoigne de la proximité de ces cultures méditerranéennes avec l'iatrogénie. Dans le passé, j'ai aussi émis la supposition que la religion avait sauvé des vies en éloignant le patient du médecin. On pouvait satisfaire son illusion de contrôle en se rendant au temple d'Apollon plutôt que chez le médecin. Ce qui est intéressant, c'est que les Méditerranéens de l'Antiquité avaient probablement très bien compris ce compromis et accepté que la religion soit en partie un outil destiné à maîtriser l'illusion de contrôle.

On ne peut rien faire de la connaissance si l'on ne sait pas où elle s'arrête et ce que cela coûte de l'utiliser. La science d'après les Lumières et sa fille la science superstar, ont eu la chance d'effectuer des progrès en physique (linéaire), en chimie et en ingénierie. Mais il y a un stade où il est nécessaire de renoncer à l'élégance pour se concentrer sur quelque chose que l'on a expédié sans ménagement depuis très longtemps : les cartes montrant ce que les connaissances et les méthodes actuelles ne font pas pour nous ; et une étude rigoureuse de l'iatrogénie scientifique généralisée, du mal que la science peut causer (ou, mieux, une exposition du mal que la science a causé). Je trouve cette activité éminemment respectable.

Iatrogénie des régulateurs

Hélas, la demande consistant à instaurer plus de régulation (inconditionnelle) de l'activité économique semble une réaction normale. C'est aux régulateurs que je dois mes pires cauchemars. Ce sont eux qui avaient vanté les avantages de s'en remettre aux notations des agences du même nom et aux « mesures des risques » qui ont fragilisé le système alors que les banquiers y recouraient pour s'implanter sur le terrain jusqu'à ce que cela tourne au vinaigre. Pourtant, à chaque fois qu'il y a un problème, nous recourons au truc harvardien à la soviétique consistant à instaurer plus de régulation, ce qui enrichit les banquiers d'investissement, les avocats et les anciens-régulateurs-reconvertis-en-conseillers-boursiers. Ils servent aussi les intérêts d'autres groupes.

RÈGLES DE *PHRONESIS* : CE QU'IL EST SAGE DE FAIRE (OU NON) DANS LA VRAIE VIE POUR ATTÉNUER LE QUATRIÈME QUADRANT SI L'ON NE PEUT RECOURIR À LA STRATÉGIE DES HALTÈRES

Le moyen le plus évident de sortir du quatrième quadrant est d'effectuer une « troncature », c'est-à-dire de supprimer certaines expositions en achetant des assurances, quand il y en a de disponibles, en se mettant dans la situation de « stratégie des haltères » telle que je l'ai décrite au chapitre 13 du *Cygne Noir*. Toutefois, si l'on ne peut recourir à cette stratégie et éviter l'exposition, comme c'est le cas, par exemple, avec les notions climatiques, l'exposition aux épidémies et autres cas similaires listés dans le tableau précédent, alors il est possible de souscrire aux règles de « sagesse » suivantes pour accroître sa force.

1. Respecter le temps et la connaissance non démons-
trative.

Rappelez-vous le respect que j'ai pour Mère Nature
– simplement à cause de son âge. Une succession de
données dans le quatrième quadrant met beaucoup,
beaucoup plus de temps à révéler ses propriétés. Je
vitupérais contre le fait que les indemnisations des
cadres bancaires, qui se situent carrément dans le
quatrième quadrant, étaient versées sur une fenêtre
à court terme, mettons annuellement, pour des choses qui explosent tous les cinq, dix, ou quinze ans,
entraînant une disparité entre fenêtre d'observation
et fenêtre d'une longueur suffisante pour révéler les
propriétés. Les banquiers s'enrichissent en dépit de
bénéfices à long terme négatifs.

Les choses qui fonctionnent depuis longtemps sont
préférables – elles sont plus enclines à avoir atteint
leur état ergodique. Au pire, on ne sait pas combien
de temps elles dureront[3].

---

3. La majeure partie de la campagne de diffamation que j'ai mentionnée plus haut tourne autour d'une représentation erronée des propriétés
de style assurance et des performances des stratégies de couverture pour
les haltères et le « renforcement du portefeuille » associé aux idées de
Cygne Noir – représentation erronée qui peut-être rendue crédible par
le fait que, lorsqu'on observe les bénéfices à court terme, on ne voit rien
de pertinent, excepté de fréquentes variations superficielles (surtout
des pertes). Les gens oublient simplement de cumuler correctement
et se souviennent plus de la fréquence que du total. Selon la presse, les
bénéfices réels étaient d'environ 60 % en 2000, et de plus de 100 %
en 2008, avec des pertes relativement superficielles et des profits d'autre
part ; du coup, en déduire que les bénéfices seraient à trois chiffres au
cours de la précédente décennie (il suffit simplement d'un bon saut)
serait un jeu d'enfant. Selon le palmarès des Standard and Poor's 500,
ils avaient baissé de 23 % au cours de la même décennie.

Souvenez-vous que le fardeau de la preuve pèse sur quelqu'un qui perturbe un système complexe, non sur la personne qui protège le *statu quo*.

2. Éviter l'optimisation ; apprendre à aimer la redondance.

J'ai parlé de la redondance et de l'optimisation dans le chapitre 1 ; j'ai quelques mots de plus à en dire.

La redondance (le fait d'avoir des économies en liquide sous son matelas) est l'opposé de la dette. Les psychologues nous disent que la richesse ne fait pas le bonheur – si l'on dépense ses économies ! Mais, si on les cache sous son matelas, on est moins vulnérable à un Cygne Noir.

De même, par exemple, on peut acheter une assurance ou la construire pour renforcer un portefeuille.

La sur-spécialisation n'est pas une bonne idée non plus. Songez à ce qui pourrait vous arriver si votre métier disparaissait. En temps de crise, un analyste à Wall Street (du genre prévisionnel) qui travaillerait au noir comme danseur du ventre s'en sortirait beaucoup mieux qu'en étant seulement analyste.

3. Éviter de prédire les bénéfices de petites probabilités – mais pas nécessairement les bénéfices ordinaires.

C'est une évidence : les bénéfices éloignés dans le temps plus difficiles à prédire.

4. Se méfier de l'atypisme des événements éloignés.

Il existe des méthodes « attrape-pigeons » appelées « analyse de scénario » et *stress-testing* – généralement fondées sur le passé (ou sur quelque théorie « sensée ») –, mais (j'ai montré précédemment de quelle façon) les déficits passés ne permettent pas de prédire les déficits futurs, de sorte que nous ne savons pas exactement que soumettre au *stress-testing*. De même, « les marchés prévisionnels » ne fonctionnent pas ici puisque les paris ne protègent pas des risques multiples. Ils peuvent peut-être fonctionner si le choix est binaire, mais pas dans le quatrième quadrant.

5. Prendre garde au risque moral assorti de bonus.

La meilleure solution consiste à créer une série de bonus en pariant sur les risques cachés dans le quatrième quadrant, puis à faire faillite et à tirer sa révérence. C'est ce qu'on appelle l'argument du risque moral. Si les banquiers sont toujours riches, c'est à cause de ce décalage entre leurs performances et le montant de leurs bonus. En fait, la société finit par le payer. La même chose vaut pour les cadres d'entreprises.

6. Éviter les mesures risquées

Les mesures traditionnelles fondées sur le Médiocristan et faites pour les écarts importants ne fonctionnent pas. C'est là que les pigeons tombent dans le piège – cela va bien plus loin que le simple fait de prendre pour hypothèse autre chose que la courbe en cloche de Gauss. Les notions comme celles d'« écart type » ne sont pas stables et ne mesurent rien dans le quatrième quadrant, pas plus que celles de « régression linéaire » (les erreurs sont dans le quatrième quadrant), de « ratio de Sharpe », de « modèle de choix de portefeuille de Markowitz », d'« ANOVA… mon œil ! », de « moindre carré », et pratiquement tout ce que l'on tire mécaniquement d'un manuel de statistiques. Mon problème est que les gens peuvent accepter le rôle des événements rares, être d'accord avec moi, tout en continuant à utiliser ces mesures, ce qui m'incite à me demander s'ils ont des troubles psychologiques.

7. Cygne Noir positif ou négatif ?

Il est clair que le quatrième quadrant peut présenter des expositions positives ou négatives au Cygne Noir ; si l'exposition est négative, il y a plus de risques de sous-estimer la véritable moyenne en mesurant les réalisations passées, et le potentiel global sera lui aussi mal évalué.

L'espérance de vie de l'être humain n'est pas aussi longue que nous le pensons (dans un contexte de globalisation), parce que les données ne tiennent pas compte d'un paramètre capital : la grande épidémie (à côté de laquelle les bénéfices des remèdes ne font pas le poids). Comme nous l'avons vu, la même chose vaut pour les retours sur investissements risqués.

D'un autre côté, les projets de la recherche dévoilent une histoire passée moins rose. Une société *biotech* est (généralement) confrontée à une incertitude positive, alors qu'une banque doit presque exclusivement faire face à des chocs négatifs.

Les erreurs de modèles profitent à ceux qui sont exposés aux Cygnes Noirs positifs. Dans le cadre de mes nouvelles recherches, j'appelle cela être « concave » ou « convexe » à l'erreur de modèle.

8. Ne pas confondre absence de volatilité avec absence de risque.

Les mesures classiques qui utilisent la volatilité comme indicateur de stabilité nous trompent, parce que le passage à l'Extrêmistan se caractérise par une baisse de la volatilité – et par une augmentation des risques de sauts importants. Cela a trompé un président de la Réserve fédérale américaine nommé Ben Bernanke – ainsi que l'intégralité du système bancaire. Et ce n'est pas la dernière fois que cela se produit.

9. Prendre garde aux présentations de nombres risqués.

J'ai présenté plus haut des résultats montrant comment la perception des risques est soumise à des problèmes de formulation particulièrement marqués dans le quatrième quadrant. Ils sont beaucoup plus bénins ailleurs.

CHAPITRE 8

Les dix principes
pour une société aguerrie
contre les Cygnes Noirs[1]

J'ai essentiellement rédigé les « dix principes » suivants pour que la vie économique puisse affronter le quatrième quadrant, au lendemain de la crise.

1. Une chose fragile doit se casser tôt, tant qu'elle est encore petite.

    Rien ne devrait jamais devenir trop grand pour faire faillite. L'évolution de la vie économique aide ceux qui ont le maximum de risques cachés à devenir les plus grands.

---

1. Ce passage a été publié en 2009, dans un éditorial du *Financial Times*. Un éditeur – qui n'avait sans aucun doute pas lu *Le Cygne Noir* – a transformé mon « aguerri contre le Cygne Noir (*Black Swan Robust*) » en « complètement isolé contre le Cygne Noir (*Black Swan Proof*) ». « Complètement isolé contre le Cygne Noir » n'existe pas, mais « aguerri » n'est pas mal.

2. Pas de socialisation des pertes et de privatisation des gains.

Toute entreprise nécessitant d'être renflouée devrait être nationalisée ; toute entreprise qui n'en a pas besoin devrait être libre, de petite taille, et résister aux risques. Nous nous sommes fourrés dans le pire capitalisme et le pire socialisme qui soient. En France, dans les années 1980, les socialistes avaient pris le contrôle des banques. Aux États-Unis, dans les années 2000, les banques ont pris le contrôle du gouvernement. C'est surréaliste.

3. Il ne faudrait jamais remettre un autobus entre les mains des gens qui en conduisaient un les yeux bandés (et ont eu un accident).

L'*establishment* économique (universités, régulateurs, banquiers centraux, membres du gouvernement, organisations diverses dont les membres sont des économistes) a perdu sa légitimité avec l'échec du système en 2008. Il est stupide et irresponsable de faire confiance à sa capacité de nous sortir de ce pétrin. Il est également irresponsable d'écouter les conseils d'« experts du risque » et autres pontes des écoles de commerce qui continuent à faire la promotion de leurs mesures qui nous ont cruellement déçus (telles que la Valeur à Risque). Trouvons des gens intelligents qui ont les mains propres.

4. Ne pas laisser quelqu'un qui instaure un bonus d'« encouragement » gérer une centrale nucléaire – ou nos risques financiers.

Il y a de fortes chances que cette personne ne respecte absolument pas les normes de sécurité pour faire des « bénéfices » grâce aux économies réalisées suite à ce non-respect, tout en se disant « conservatrice ». Les bonus ne font pas bon ménage avec les risques cachés des faillites. C'est l'asymétrie du système de bonus qui nous a mis dans la situation dans laquelle nous nous trouvons. Pas de mesures d'incitation sans mesures de dissuasion : le capitalisme est affaire de récompenses et de punitions, pas seulement de récompenses.

5. Compenser la complexité par la simplicité.

La complexité due à la globalisation et à une vie économique composée de multiples réseaux doit être compensée par la simplicité des produits financiers. L'économie complexe est déjà une forme d'effet de levier. C'est le levier de l'efficacité. Ajouter des dettes à ce système engendre des girations sauvages et dangereuses, et ne laisse pas place à l'erreur. Les systèmes complexes survivent grâce à la marge et à la redondance, non à l'endettement et à l'optimisation. Le capitalisme ne peut éviter les modes éphémères et les bulles. Les bulles boursières (comme en l'an 2000) se sont avérées bénignes ; les bulles spéculatives sur les actions sont nocives.

6. Ne pas donner aux enfants des bâtons de dynamite, même s'ils sont vendus avec un avertissement.

Les produits financiers complexes doivent être bannis, car personne ne les comprend, et bien peu de gens sont assez rationnels pour le savoir. Il nous faut protéger les citoyens d'eux-mêmes, des banquiers qui leur vendent des produits de couverture et des régulateurs naïfs qui écoutent les théoriciens de l'économie.

7. Seules les pyramides de Ponzi devraient dépendre de la confiance. Les gouvernements ne devraient jamais être obligés de « restaurer la confiance ».

Dans une pyramide de Ponzi (la plus célèbre étant celle réalisée par Bernard Madoff), une personne emprunte ou prend des fonds à un nouvel investisseur afin de rembourser un investisseur existant qui essaie de sortir de l'investissement.

Les cascades de rumeurs sont le produit de systèmes complexes. Les gouvernements ne peuvent faire cesser les rumeurs. Simplement, nous devons être en mesure de faire fi de ces dernières, d'être aguerris contre elles.

8. Ne pas donner plus de drogue à un drogué qui éprouve les douleurs du manque.

Recourir à l'effet de levier pour résoudre les problèmes d'excès d'effet de levier n'est pas de l'homéopathie, c'est du déni. La crise de l'endettement n'est pas un problème temporaire, mais structurel. C'est d'une désintoxication dont nous avons besoin.

9. Les citoyens ne devraient pas dépendre d'actifs financiers comme source de valeur, ni compter sur des conseils d'experts « faillibles » pour leur retraite.

La vie économique ne devrait pas dépendre de tout ce qui est boursier et financier. On devrait apprendre à ne pas utiliser les marchés comme des entrepôts de valeur : ils n'abritent pas les certitudes que des citoyens normaux peuvent requérir, malgré les opinions des « experts ». C'est pour s'amuser que l'on devrait investir. Les citoyens devraient s'inquiéter pour leurs propres affaires (qu'ils contrôlent), non pour leurs investissements (qu'ils ne contrôlent pas).

10. Faire une omelette avec les œufs cassés.

Finalement, la crise de 2008 ne fut pas plus difficile à colmater avec des moyens de fortune qu'un bateau à la coque cassée peut l'être avec des réparations *ad hoc*. Il nous faut reconstruire une coque avec des matériaux nouveaux (plus solides) ; il va nous falloir recréer le système avant qu'il ne le fasse lui-même. Passons volontairement à une économie forte en aidant ce qui a besoin d'être cassé à se casser soi-même, en convertissant les dettes en actifs, en marginalisant les écoles d'économie et de commerce, en supprimant le Nobel d'économie, en bannissant les achats à effet de levier, en mettant les banquiers à la place qui leur revient, en reprenant leurs bonus à ceux qui nous ont mis dans cette situation (en exigeant la restitution des fonds versés, par exemple, à Robert Rubin ou autres *bansksters* dont la santé a été subventionnée par des contribuables instituteurs), et en apprenant aux gens à s'y retrouver dans un monde qui comporte moins de certitudes.

Nous verrons alors advenir une vie économique plus proche de notre environnement biologique : entreprises plus petites, écologie plus riche, pas d'effet de levier spéculatif – un monde dans lequel ce seront des entrepreneurs, et non des banquiers, qui prendront les risques, et dans lequel des sociétés naîtront et mourront chaque jour sans faire la une des journaux.

Après cette incursion dans l'économie des affaires, passons maintenant à quelque chose de moins vulgaire.

CHAPITRE 9

Amor fati : comment devenir indestructible[1]

Et maintenant, lecteur, voici de nouveau venu le moment de nous séparer.

Je me trouve à Amioun, le village de mes ancêtres. Seize de mes arrière-arrière-grands-parents sur seize, huit de mes arrière-grands-parents sur huit et quatre de mes grands-parents sur quatre sont enterrés dans cette région, quasiment tous dans un rayon d'un peu plus de six kilomètres. Sans compter les grands oncles, les cousins et autres parents. Tous reposent dans des cimetières

---

1. N.d.T. : *Amor fati* est une locution latine qui fut introduite par Nietzsche, et qui signifie « l'amour du destin » ou « l'amour de la destinée ». L'*amor fati* est la conviction profondément ancrée en soi que le devenir et le chaos sont bénéfiques, car ils nous permettent d'exprimer notre puissance afin de nous épanouir. Ce concept s'illustre par cette citation : « Tout ce qui ne nous tue pas nous rend plus fort » (*Le Crépuscule des Idoles*, F. Nietzsche) – d'où le titre de ce chapitre : « Comment devenir indestructible ».

situés au milieu d'oliveraies dans la vallée de Koura au pied du mont Liban, qui se dresse de manière tellement impressionnante que l'on peut voir la neige au-dessus de soi à trente kilomètres de là.

Aujourd'hui, au crépuscule, je suis allé à Saint-Serge, appelé ici Mar Sarkis, de l'araméen, le cimetière de mon côté de la famille, dire bonjour à mon père et à mon oncle Dédé, qui détestait tellement ma manière négligée de m'habiller à l'époque où je participais à des émeutes. Je suis sûr que Dédé est toujours fâché contre moi ; la dernière fois qu'il m'avait vu à Paris, il avait lâché calmement que j'étais vêtu comme un Australien ; c'est pourquoi la vraie raison de ma visite au cimetière était plus intéressée. Je voulais me préparer pour ma prochaine destination.

C'est mon plan B. J'ai longuement regardé la position de ma propre tombe. Un Cygne Noir ne peut anéantir aussi facilement un homme qui a une idée de sa destination finale.

Je me suis senti fort.

J'emporte Sénèque avec moi dans tous mes voyages, dans le texte, car je me suis remis au latin – le lire en anglais, cette langue désacralisée par les économistes et les bureaucrates de la banque de la Réserve fédérale américaine, ne me semblait pas convenir en pareille circonstance. Cela serait revenu à lire Yeats en swahili.

Sénèque était le grand professeur et praticien du stoïcisme qui, du discours métaphysique et théorique qu'elle était, transforma cette philosophie gréco-phénicienne en un programme de vie pratique et moral, une façon d'atteindre au *summum bonum*, expression intraduisible signifiant une vie de qualités morales suprêmes telle que la concevaient les Romains. Mais indépendamment, même, de cet objectif inatteignable il donne des conseils pratiques – les seuls, peut-être, dont je vois qu'ils peuvent être mis en pratique. Sénèque est l'homme qui (avec l'aide de Cicéron) apprit à Montaigne que « philosopher, c'est apprendre à mourir ». C'est l'homme qui enseigna l'*amor fati*, « l'amour de la destinée » à Nietzsche, incitant celui-ci à accueillir avec des haussements d'épaule et de l'indifférence l'adversité, la méchanceté de ses critiques ainsi que sa maladie, au point que ces réalités l'assommaient.

Pour Sénèque, le stoïcisme consiste à composer avec la perte et à trouver des moyens de surmonter notre peur de cette dernière – de devenir moins dépendant de ce que nous possédons. Souvenez-vous de la « théorie des perspectives » de Danny Kahneman et ses collègues : si je vous donnais une belle maison et une Lamborghini, versais un million de dollars sur votre compte et vous procurais un réseau social, puis, quelques mois plus tard, vous retirais tout cela, vous seriez beaucoup plus mal en point que si rien ne s'était passé.

La crédibilité de Sénèque en tant que philosophe moral (selon moi) venait du fait que, contrairement à d'autres philosophes, il ne dénigrait pas la valeur de la richesse, des possessions et de la propriété parce qu'il était pauvre. On disait que Sénèque était parmi les plus riches de son temps. Simplement, chaque jour, il se préparait à tout perdre. Chaque jour. Ses détracteurs ont beau affirmer que dans la vraie vie il n'était pas le sage stoïcien qu'il prétendait, surtout parce qu'il avait coutume de séduire les femmes mariées (avec des hommes qui n'étaient pas stoïciens), il en était malgré tout très proche. Homme puissant, il avait tout simplement beaucoup de détracteurs – et, s'il ne parvenait pas à atteindre son idéal stoïcien, il était beaucoup plus à sa hauteur que ses contemporains. Et, de même qu'il est plus difficile d'avoir des qualités quand on est riche que quand on est pauvre, il est plus dur d'être stoïcien quand on est riche, puissant et respecté que lorsqu'on est sans ressources, malheureux et seul.

NIHIL PERDITI

Dans la lettre IX de Sénèque, le pays de Stilbo a été pris par Demetrius, surnommé le « preneur des villes ». Les enfants de Stilbo et son épouse ont été tués. On demande à Stilbo ce qu'il a perdu. *Nihil perditi* – « Je n'ai rien perdu » –, répond-il. *Omnia mea mecum sunt* ! « Tous mes biens sont avec moi. » Cet homme était parvenu à l'autonomie stoïcienne, à la force face à l'adversité – ce que l'on nomme *apatheia* dans le jargon stoïcien. Autrement dit, *tout ce qui pouvait lui être retiré, il ne le considérait pas comme un bien.*

Ce qui, pour chacun, inclut sa propre vie. Sénèque était prêt à tout perdre, y compris sa propre vie. Il fut suspecté d'avoir participé à un complot, et l'empereur Néron lui demander de se suicider. L'histoire raconte qu'il s'acquitta de ce suicide de manière exemplaire, calmement, comme s'il s'y était préparé tous les jours.

Sénèque achève ses essais (écrits sous forme de lettres) par le mot *Vale*, souvent traduit à tort par « adieu ». Ce mot a la même racine que « valeur » ou « valeureux », et signifie à la fois « sois fort » et « sois digne ». *Vale.*

TABLE DES MATIÈRES